KB056881

오십에 읽는 **유대인** 한 줄의 **힘**

오십에 읽는 유대인 한 줄의 힘

우리 삶에 스며드는 지혜의 기술

김영환 지음

행복

머리말

진정한 도전은 유대인처럼 사는 것

유대인처럼 죽는 것은 도전이 아니다.
진정한 도전은 유대인처럼 사는 것이다.

음미할수록 뒷맛 깊은 보이차처럼 히브리 속담 또는 유대인의 잠언에는 짧지만 끝나지 않는 여운이 있다. 냉정한 듯 따뜻하고, 고통스러웠지만 늘 유머를 잃지 않던 유대인들의 생각과 철학을 한 문장으로 간결하게 압축해 놓았기 때문이다. 길지 않아서 좋았고, 많은 미사여구로 설명하지 않아서 명쾌했다. 오랜 세월 전승되어 온 인생 선배들의 경험을 명언으로 정리한 것들이지만, 스마트폰 시대를 사는 우리에게도 공감과 통찰을 일깨운다.

넓고 오랜 경험의 짧은 표현

'잠언'으로 번역되는 히브리 속담을 '미쉴레mishle'이라고 하며, '비유, 속담, 격언, 조롱거리 등'의 의미를 가진다. 고대 히브리인으로부터 유대인의 역사 가운데 전해 오면서 잠언은 속담보다 폭넓은 의미로 사용되었고, 인간의 행위에 대한 진리를 짧고 간결하게 표현해 왔다. 그리고 유대인의 신 여호와 하나님을 경외함으로 얻게 되는 지혜로운 삶을 강조해 왔다. 잠언의 밑바탕에는 정교하게 생각해 낸 개인의 문장이 아니라 오랜 세월을 거쳐 다듬어진 유대인 공동체의 넓고 오랜 경험이 짧은 표현 속에 스며 있다. 이러한 유대인 잠언의 출처는 기존 성경 속 비유, 「탈무드」와 「미드라쉬」 등 고대 문헌뿐만 아니라 이디시어를 사용하는 유럽 유대인들인 아슈케나짐Ashkenazim, 중세와 근대의 여러 유대 신학자와 랍비, 현대의 소위 셀럽celeb 유대인들인 프로이트, 아인슈타인, 우디 앨런에 이르기까지 다양하게 존재한다.

다양한 잠언을 모아보면 유대인들의 선명한 생각을 읽을 수 있다. 잠언에서 드러나는 일관성은 결국 그들의 교육에서 비롯된다고 할 수 있다. 유대인들이 민족적 자긍심을 잃지 않기 위해 가장 중요시했던 교육에서 잠언은 지혜와 생각을 명료하게 전달하는 매개체였다. 물론 대부분 국가들의 속담은 인간의 특성을 다루며, 전 세계적으로 거의 같다. 하지만 각기 독특한 표현 방식이 있듯 유대인들의 입에서 입으로 전해지고 승인을 얻으면서 유대 민족이 겪은 경험과 지향이 반영되었다. 특히 유대인들은 인간의 마음과 성격에 대한 예리한 통찰력, 가족과 민족 공동체에 대한 애착과 도덕을 지향했다.

잠언은 다양한 문헌으로 전해지면서 같은 생각을 다른 말로 표현하거나 확장하여 파생시키기도 했다. 더불어 다른 민족들과 공통된 잠언을 가지고 있다는 것은 오래된 진리다. 고대 중동 문화의 지혜 문학과 이집트 문학의 영향을 받았다는 점은 잠언이 문화적 공유물임을 잘 보여준다. 사실 이 책의 아이디어도 성경 속 비유와 속담의 출처를 찾으면서 시작되었다. 성경의 잠언, 전도서, 시편 등 많은 부분에서 히브리 속담이 인용되는 것을 볼 수 있기 때문이다.

이 책에는 필자가 가려낸 7천여 개의 잠언 중 약 1,200여 개가 포함되어 있다. 몇 번에 걸쳐 취사를 반복하는 시간을 보내고 최종적으로 다양한 잠언 가운데 유대인들의 핵심적인 생각을 담은 주제들로 144개를 선정하여 사전식으로 구성했다. 다만 문화적인 특성에 따라 오늘날의 우리와 공유점이 낮은 유대교의 생각과 페미니즘적 시각에서 이질감이 있는 잠언들은 제외했다. 그럼에도 종교적인 부분이 다수 포함된 것은 유대 민족이 정교일치의 공동체였음을 이해하기 바란다.

삶에 대한 유대인의 물음, 우리의 고민거리

이 책은 높은 수준의 도덕책이라 해도 과언이 아니다. 읽기에 따라 보편적이고 당연한 명제를 나열한 것으로도 볼 수 있다. 앞서 언급한 것처럼 여러 문화권의 속담이 공통의 진리라는 점에서 유대인 잠언은 그리 낯설지 않다. 하지만 이 책의 효용성을 유대인 잠언의 정리와 나열에 두지 않았다. 물론 이런 식으로 정리한 책을 국내에서는 아직 보지 못했다. 그보다는 독자들에게 어떻게 다가갈 수 있을지를 염두에 두었다.

삶에 대한 유대인들의 물음이면서 우리의 고민거리인 것들-태도, 마음, 관계, 인생, 지혜-을 큰 묶음으로 하여 의미 있게 마음에 새길 만한 잠언들을 열 개 내외로 정리했다. 이 잠언들은 물론 연속된 문장은 아니다. 다만 시간이 허락된다면 시간을 두고 천천히 음미해 보기를 권한다. 잠언에서도 새로운 지식을 더 많이 습득하기 위해 사색을 경시하는 경향에 대해 우려하며 경계하고 있다. 지혜는 사색과 경험을 통해 지식을 체화시킨 결과로 얻어지는 통찰이기 때문이다.

이 책을 읽고 유대인처럼 살아야 하는 것은 아니다. 다만 우리 한민족만큼 굴곡진 역사를 걸어온 유대인들이 삶을 대하는 태도를 통해 그때만큼 어려운 시대를 살아가고 있는 독자들에게 약간이나마 마음에 힘이 될 수 있기를 바란다. 또 위기와 고통을 겪고 있는 독자들이라면 현상과 내면을 분리할 줄 아는 능력을 터득하는 데 약간의 도움이 될 수 있기를 기대해 본다.

2024년 여름비를 바라보며

김영환

차례

2장 마음에 대하여

3장 관계에 대하여

4장 인생에 대하여

1장

태도에 대하여

유대인들은 많은 외세의 침략을 받았다. 바벨론 제국, 아시리아 제국, 로마 제국, 이슬람 제국 등 열강의 공격을 받아 종교적 성지인 예루살렘은 초토화되었다. 그들은 1900년 동안 나라를 잃고 세계를 떠돌았으며, 유럽에서도 게토에 갇혀 살았다. 그럼에도 그들은 잡초처럼 다시 일어섰다. 힘겨운 역사를 이어오면서도 유대인들은 늘 신의 약속과 보호를 믿으며 긍정적인 삶의 태도를 잃지 않았다. 긍정적인 태도는 불안과 위기를 떨쳐 내고 고난을 헤쳐 나가는 힘이 되었다. 그래서 「탈무드」에도 많은 유머가 포함되어 있으며, 항상 웃음을 잃지 않았다.

겸손

겸손은 실수할 수 있다는 것을 알기에 비판을 수용하고 이를 통해 배우는 것이다. 겸손한 사람들은 매우 긍정적인 자기지각, 즉 낮지 않은 자존감을 가진 사람들이다. 완벽하지 못함에 실망하기보다 '그럴 수도 있지. 괜찮아'라고 자신과 타인에 대해 수용할 줄 아는 사람들이다.

1 위대한 자는 결코 위대함을 느끼지 않고 작은 자는 결코 작음을 느끼지 않는다.

2 모든 사람들에게 인사하는 일을 맨 처음 하라. 그리고 여우의 머리가 되지 말고 사자의 꼬리가 되라.

3 때때로 한 번의 실수가 일곱 명의 조언자보다 더 유익하다.

4 백향목*의 크기는 그늘을 보고 잴 수 있고, 사람의 크기는 겸손으로 측정된다.

* 백향목(cedar, 栢香木) 소나무과에 속하는 상록 교목으로 성경에 주로 언급되며, 레바논이 주요 산지로서 주로 건축 재목으로 사용되었다.

5 태양은 당신이 없어도 뜨고 진다.

6 몸을 굽히면 진리를 줍는다.

7 겸손은 지혜를 둘러싼 울타리다.

8 지나치게 겸손한 것은 거만한 것과 마찬가지다.

9 겸손은 모든 장식품 중에서 가장 고귀하다.

10 자신의 겸손함을 뽐내는 사람처럼 더 나쁜 교만은 없다.

11 명예 앞에는 겸손이 서야 한다.

겸손은 나를 낮추는 것이 아니라 상대방을 존중하는 마음과 태도로 대하는 것이다. 즉 자신의 마음을 비우고 상대방의 이야기를 귀 기울여 들으려고 하는 자세다. 나아가 겸손에는 생각의 여유를 가지고 상대방의 장점과 성취에 대해 인정하고 존중해 주는 것, 자신의 실수와 부족함을 받아들이고 타인들의 충고와 조언을 수용하는 것, 내가 존중받기를 바라는 마음처럼 상대방을 존중해 주고 동일하게 대해 주는 것을 포함한다.

웃음

어려운 환경을 이겨나가는 데 있어 웃음은 비용이 들지 않는 가장 쉬운 해결 방법이다. 웃음은 기쁨의 가장 분명한 표현 방법일 뿐만 아니라 나를 느끼게 해주는 매개물이다. 그래서 웃음은 영혼의 치료약이자 놀라운 신의 선물이다.

1 웃음소리는 울음소리보다 더 멀리 간다.

2 유머는 중요한 자산이다. 유머는 이해와 자기비판을 의미한다.

3 유머가 없는 곳에서는 좁은 생각만 발견하게 될 뿐이다.

4 생물 가운데 인간만이 웃는다. 인간 가운데서도 현명한 사람일수록 잘 웃는다.

5 찡그린 얼굴로는 많이 줘도 적은 것이며, 미소 띤 얼굴로는 적게 줘도 많은 것이다.

6 미소를 지으며 몇 마디 하는 사람이 눈살을 찌푸리며 많은 말을 하는 사람보다 더 많은 것을 전달한다.

7 가장 괴로운 불행은 미소로 덮을 수 있다.

8 미소로 친구를 환영하는 것은 세상에서 가장 훌륭한 선물을 주는 것과 같다.

9 인간은 생각하고 하나님은 웃는다.

10 어리석은 자는 웃을 때 목소리를 높이고, 현명한 자는 조용하게 미소 짓는다.

언제부터인가 물을 사야 했지만, 이제는 웃음도 텔레비전에서 사야 하는 시대가 되었다. 어린아이일 때에는 흔하던 것이 어른들에게는 귀하기 때문이다. 세상의 많은 것을 이미 알아버렸기 때문이기도 하지만, 우리는 조건이 만들어져야만 웃을 수 있다는 원칙을 갖고 있기도 하다. 웃음이 결과로서 얻어지는 열매일 필요는 없다. 웃음은 원하는 일을 풀어나가는 데 윤활유 같은 도구로서 충분하기 때문이다. 만들어진 웃음이라도 그것은 충분한 효과가 있다.

거짓말

의로운 사람은 의를 행하기 위해서 거짓말이 필요 없다. 바른 일을 하기 위해 거짓말을 해야 한다면 그것은 과정의 정당함을 훼손하는 합당치 못한 것이기 때문이다. 결과가 옳다고 해서 거짓말이 인정을 받을 수 없는 법이다.

1 거짓말쟁이는 자기처럼 모든 사람들이 거짓말을 한다고 믿는다.

2 거짓말쟁이에게 주어지는 최고의 형벌은 진실을 말했을 때도 사람들이 믿지 않는 것이다.

3 거짓말은 거짓말을 낳는다.

4 모든 거짓말은 금지되어 있으나 하나만 예외다. 평화를 가져오기 위해서 하는 거짓말이다.

5 거짓말로 자기 죄를 덮으려는 사람은 자기 옷에 묻은 얼룩을 구멍난 망토로 감추려는 사람이다.

6 거짓말쟁이가 되기보다는 차라리 바보가 되어라.

7 진실을 말하든 거짓말을 말하든 간에 사과하는 사람의 말은 받아들여라.

8 한 가지 거짓말은 거짓말이고 두 가지 거짓말도 거짓말이나, 세 가지 거짓말은 정치다.

9 거짓말쟁이는 뛰어난 기억력을 가지고 있어야만 한다.

Jewish Think

진실을 대면할 용기가 부족할 때 거짓말은 편한 피난처이자 달콤한 유혹이다. 작든 크든 거짓말은 마음 가운데 빚을 얹어 놓는다. 진실을 보이면 많은 손가락질을 받을 것 같지만, 그것이 성숙한 것처럼 보여야 하고 완벽한 것처럼 꾸며야 한다는 강요된 생각 때문은 아닐까? 좋은 사람이 되고 싶어서 썼던 가면을 벗고, 심지어 손가락질을 받더라도 진실에 직면할 때 우리는 강한 사람이 되어간다.

진실

진실함만큼 중요한 명함은 없다. 장사를 해도 속임수는 잠깐일 뿐이다. 좋은 관계를 오래 유지하기 위해서는 진실함이 가장 중요하다. 가족이든, 신문이든, 계약이든 진실이 흔들리면 전체가 부정되기 때문이다.

1 진실 없는 평화는 거짓 평화다.

2 친절과 진실은 당신을 저버리지 않을 것이다.

3 기회를 잡지 못한 도둑은 진실한 사람인 것처럼 행동한다.

4 정직한 사람을 가려낼 수 있는 한 가지 방법이 있다. "당신은 정직한 사람입니까?"라는 물음에 "그렇다"라고 대답한다면 그는 정직하지 못한 사람이다.

5 어린아이들과 주정뱅이들의 입에서 진실을 배우게 된다.

6 거울은 진실을 드러낸다.

7 진실이 없으면 자비도 없다.

8 거짓말을 해서는 안 되지만 진실 중에도 입에 담아서는 안 되는 것이 있다.

9 진실은 물 위의 기름처럼 위로 떠오른다.
Truth rises to the top, just like oil on water.

진실은 선과 악, 좌와 우, 믿음과 불신과는 전혀 상관없이 오로지 진실 그 자체로 존재한다. 과학도 믿든 믿지 않든 그것은 실체인 것과 같다. 진실은 차가운 것이지만 그것을 대하는 사람에 따라 색을 달리한다. 게다가 시간을 필요로 하기도 하고, 편견과 끊임없이 싸워야 한다. 그럼에도 거짓이 계속 쳐들어올지라도 마지막에 미소 짓는 것은 진실이다. 침묵하지만 않으면 언젠가 진실이 이길 것이다.

자랑

자신을 드러내려는 것, 자기 스스로를 인정하고 다른 사람들로부터 인정을 받으려고 하는 행위에는 '나'만 있을 뿐이다. 자기를 자랑하고자 하는 깊이 배인 본성은 쉽게 사라지지 않기에 늘 나만큼 소중한 남을 첫 자리에 두어야 한다.

1 내일을 자랑하지 말라. 그 날이 어떻게 올지 당신이 알지 못하기 때문이다.

2 자랑의 결말에는 증오가 남는다.

3 자기 일을 자랑하는 편이 남을 욕하는 것보다 낫다.

4 현인이라 하더라도 지식을 자랑삼아 뽐내는 자는 무지를 부끄러워하는 어리석은 자만 못하다.

5 형제가 어려울 때 당신이 도와준 것을 자랑하는 것은 그 선행을 취소한 것과 다름없다.

6 자녀가 어릴 때 함부로 자랑하면 안 된다. 그 아이가 커서 어떤 사람이 될지 아무도 모르기 때문이다.

7 돈은 쉽게 잃을 수 있기 때문에 자랑하지 마라.

8 자기의 높은 지위를 과시하려는 사람은 이미 자신의 인격을 손상시키고 있다.

9 자신이 주지도 않은 선물을 자랑하는 사람은 비가 오지 않는 구름이나 바람과 같다.

10 당신이 말을 할 때에 자부심이나 자랑으로 가득 채우지 마라.

자랑할 만한 일이 생긴 사람은 그 자체로도 너무나 눈이 부시다. 게다가 자랑하는 말까지 떠들어대면 너무 눈부셔서 다른 사람들의 눈살이 찌푸려질 수밖에 없다. 자랑하는 소리는 실로 멀리서부터 맡을 수 있는 소똥 냄새일 것이다. 결국 자랑은 친구를 끌어모을 수 없는 법이다. 자랑을 하고 싶다면 차라리 다른 사람을 자랑하라. 나를 낮추고 다른 사람을 높임으로써 오히려 그들은 나를 칭찬하게 될 것이다.

은혜

받을 만한 자격이 없는 사람에게 주어지는 과분한 호의가 은혜다. 은혜는 결코 우리의 어떠한 행위에 따른 보상으로 주어지는 것이 아니다. 은혜가 갚아야 한다거나 행위에 대한 보상으로 주어지는 것이라면 그것은 빚일 뿐이다.

1 죽은 자에게 베푼 호의는 정직한 것이다.

2 마음은 신의 은총을 받고, 육체는 푸줏간의 은혜를 입고 있다.

3 하늘에 의지하면 땅에 은총이 내린다.

4 사람들은 신에게 빚지고 있기 때문에 어느 누구도 상을 받을 수 없다. 하지만 신은 은혜로 상을 주신다.

5 신이 사랑하는 사람은 고통이 따를지라도 포기하지 않는 사람이다.

6 악인이 은총을 베푼다고 해도 그것은 결코 완전할 수 없다.

7 당신이 어떤 사람에게 은총을 베풀었다고 해서 그 사람이 갚아야 할 빚이라고 여기지 말라.

자신이 부족한 사람이라고 생각한다면 앞으로 나아갈 수 없다. 모든 부정적인 말을 멈추고 긍정적인 생각으로 시작해 보라. 당신의 잠재력은 크지만 자신의 생각을 바꾸기 전까지 인생은 바뀌지 않을 것이다. 당신이 신의 은총을 찾으려고 애쓰면 결국 경험하게 될 것이고, 그분 또한 당신을 포기하지 않을 것이다. 당신에게 주의를 기울이고 축복을 부어 주실 것이다. 은총은 최선을 다한 사람들에게만 온다는 것을 잊지 마라.

인내

인내는 모든 것이 우리의 뜻대로 이뤄질 때에는 알 수 없으며, 하룻밤 사이에 발전하는 것도 아니다. 시련을 견뎌 내거나 약속이 성취되기를 기대하면서 목표를 향해 끈기 있게 달리는 것이다. 또한 자극에 대해 '자연스러운 반응'으로 성급하게 대응하지 않는 것이다.

1 만일 사태가 좋아지지 않았다면 기다리라. 그렇지 않으면 더욱 나빠질 것이다.

2 인내심 강한 사람이 자부심 강한 사람보다 낫다.

3 인내심 강한 사람이 스승이 될 것이다.

4 인내력이 있어야만 비로소 집중력이 발화되고, 집중력을 지속할 수 있을 때 성공한 사람이 될 수 있다.

5 인내는 지식으로 가는 길의 반이다.

6 인내는 항상 상호주의에 기초하고 있으며, 앞으로도 그럴 것이다.

7 인내는 지식과 지혜의 원천이다.

8 사람은 새와 같다. 새는 점점 더 높이 날기 위해서는 날개를 멈추지 않고 계속 움직일 때에만 가능하다.

9 평화는 인내심에서 나온다.

10 결국 인내하는 자는 대가가 된다.

11 끊임없이 떨어지는 물방울이 돌을 부순다.
Constant dripping eats away at a stone.

통증을 참기는 쉽지만 가려움증을 참기란 어렵다. 가난은 참기 쉽지만 부귀를 참기는 어렵다. 위엄과 무력 앞에 인내하기는 쉽지만 부드럽게 회유하는 데 인내하기란 쉽지 않다. 성내고 욕하는 것을 참기는 쉽지만 웃고 다정한 것을 참기는 어렵다. 이렇게 참기 어려운 것들이야말로 참아야 할 가장 중요한 것들이다.

친절

모든 사람을 최선을 다해서 맞이하고 신경을 집중하는 것이 친절이다. 자비한 마음이나 동정심, 연민의 정과 같은 단순한 느낌 차원에 머무는 것이 아니라 어려운 처지에 있는 사람에게 결정적으로 도움을 주는 것을 말한다.

1 똑똑하기보다는 친절한 편이 더 낫다.

2 친절을 베푸는 것은 자선보다 더 위대하다.

3 낯선 사람에게 친절히 대하는 것은 자기도 모르게 천사를 친절히 대하는 것과 같다.

4 최고의 지혜는 친절과 겸손이다.

5 다른 사람에게 친절을 베풀면 당신은 그의 윗사람이 될 것이고, 그가 당신을 위해 한 일이 있다면 당신은 아랫사람이 될 것이다. 둘 다 아니면 당신은 그의 친구가 될 것이다.

6 집에서 사나운 개를 키우는 사람은 친절을 내동댕이치는 자다.

7 세상은 친절을 지키기 위해 존재한다.

8 너무 친절하면 비용이 많이 든다.

9 사람들이 당신을 핥지 않도록 너무 친절하게 굴지 마라.

친절은 많은 돈을 버는 것 이상의 가치가 있으며, 아무리 작은 친절이라도 그 행동은 결코 낭비가 아니다. 친절은 청각 장애인이 들을 수 있고, 시각 장애인이 볼 수 있는 감각 언어다. 때때로 의심의 눈으로 다른 사람의 친절을 바라보기도 하지만, 동기가 무엇이든 간에 친절은 그 자체만으로도 동기가 될 수 있다. 따뜻하고 친절한 말은 짧고 말하기 쉽다. 그러나 그 울림은 진실로 끝이 없다.

도전

두려움은 어떤 상황이나 사람에게서 도망하는 것을 의미하는데, 실제로 우리가 도망치는 곳은 마음속이다. 그것을 거스르는 것이 곧 도전이다. 겁에 질려 과거로 후퇴하지 말고 자신이 강하다는 사실을 믿으라. 그리고 전진하라.

1 실패를 두려워하지 마라. 이것이 인간이 알아야 할 모든 것이다.

2 앞이 막히면 옆을 보고 옆이 막히면 뒤를 보고 뒤도 막히면 위를 보라.

3 비록 실패하면 실망하겠지만, 도전해 보지 않으면 불행해질 것이다.

4 승자가 즐겨 쓰는 말은 '다시 한 번 더 해보자'다. 패자가 즐겨 쓰는 말은 '해봐야 별수 없다'이다.

5 우리 모두가 상처를 받을 수 있고 언젠가 실패할 수 있다는 것을 받아들이라. 우리가 따라야 할 규칙이 있다면 최악의 경우에 위험을 감수할 수 있어야 한다는 것이다.

6 승자는 눈을 밟아 길을 만들지만, 패자는 눈이 녹기를 기다린다.

7 유대인처럼 죽는 것은 도전이 아니다. 진정한 도전은 유대인처럼 사는 것이다.

노동이 몸을 단단하게 만드는 것처럼 고난은 마음을 강화시킨다. 행복도 어려움이 없는 상태가 아니라 그것을 다루는 능력에 달린 것이다. 그래서 인생에서 도전 받는 것은 불가피하며, 그것을 받아들이는 것이 인생의 열쇠라고 할 수 있다. 도전을 피하지 마라. 인생은 대담한 모험이거나 아무것도 아니다. 도전이라는 것은 단지 그것을 극복하지 못하고 굴복하게 될 때만 장애물이 될 뿐이다.

침묵

때때로 겉으로는 침묵하지만 속으로는 온갖 생각을 하고 상상 속의 누군가와 혹은 자신과 힘든 싸움을 한다. 마음과 영혼을 가라앉히기 위해서 단순함이 필요하다. 침묵은 내가 걱정함으로써 아무것도 이룰 수 없다는 것을 인정하고 걱정을 멈추는 것이다.

1 말이 은이라면 침묵은 금이다.

2 사람은 태어나면서부터 말하는 것을 배우지만 침묵하는 것은 여간해서 배우지 못한다.

3 한마디가 한 푼의 가치가 있으면 침묵은 두 푼의 가치가 있다.

4 가만히 있는 것도 하나의 대답이다.

5 침묵은 현자를 더욱 현명하게 한다. 그러나 어리석은 자는 침묵이 얼마나 귀중한지 헤아리지 못한다.

6 다툼을 진압하는 데 가장 좋은 약은 침묵이다.

7 어리석은 사람이 현인처럼 보이고 싶다면 간단하다. 입을 다 물고 있으면 된다.

8 웅변적인 침묵도 있을 수 있다.

9 침묵은 말로 고동치는 바다 위에서의 견고한 섬과 같다.

10 말할 수 있는 힘이 있기 때문에 말하지 않는다. 나는 침묵을 지킬 힘이 없기 때문에 말한다.

조용히 앉아서 우리 주변의 세계를 지켜보는 것, 우리는 이것을 배우기 위해 일생을 보냈다. 노인들이 서로 옆에 앉아서 아무 말을 하지 않고도 만족할 수 있는 것과 같다. 활기차고 젊고 참을성 없는 사람들은 침묵을 깨야 마음이 후련하다. 그들에게 침묵은 낭비일지 모른다. 하지만 침묵은 거룩하다. 서로 편안함을 느끼는 사람들이 말을 하지 않고 앉아 있어도 그들을 하나로 맺어준다. 이것이 위대한 역설이다.

선행

열심히 선행을 했는데 인정받지 못할 때 사람들은 상처 받고 원망하고 분을 품는다. 선행은 인간의 본성에 철저하게 반대되는 것이어야 한다. "오른손이 한 일을 왼손이 모르게 하라"는 말처럼 자신을 숨기며, 어떤 유형적 보상이나 칭찬을 기대하지 않는 것이어야 한다.

1 만약 좋은 일을 한 적이 있다면 그 보상에 대해서는 묻지 말라.

2 선행의 가장 큰 대가는 무엇인가? 한 번 더 선행을 할 수 있다는 것이다.

3 좋은 일을 하려고 할 때 처음에는 가시밭 같은 산길을 걷지만 이윽고 평탄한 길로 들어서게 된다. 나쁜 일을 하려고 할 때 처음에는 평탄한 길이지만 얼마 되지 않아 가시밭 같은 산길로 들어서게 된다.

4 사람이 죽어 하나님을 만날 때 가져갈 수 없는 것이 있다. 첫째로 돈이고, 둘째로 친구와 친척과 가족이다. 그러나 좋은 행실은 가져갈 수 있다.

5 무엇이 선인지 알고 있는 것만으로는 안 된다. 선을 행하라.

6 선행에 문을 닫는 사람은 다음에는 의사를 위하여 문을 열지 않으면 안 된다.

7 다른 사람의 말을 듣고 한 선행의 가치는 자진해서 행한 선행의 절반밖에 안 된다.

8 매일 당신의 마지막 날을 생각하면서 언제나 선행과 회개로 준비가 되어 있어야 한다.

9 남에게 좋은 일을 하도록 영향을 주는 사람은 더 큰 사람이다.

우리는 자신이 하는 일을 기억해야 한다. 우리가 하는 일은 모두에게 가장 중요하다. 우리가 하는 일은 우리의 죽음보다 오래 간다. 파라오에게 경의를 표하기 위해 지은 피라미드처럼 우리가 하는 일은 영웅이 죽고 나서 사람들이 존중하기 위해 세운 기념물과 같은 것이다. 그러나 우리가 한 선행은 돌로 만들어지지 않고, 사람들의 기억에 남을 것이다.

말조심

말에는 듣는 사람이나 말하는 사람에게 생명과 죽음의 차이를 낼 수 있는 강한 힘이 있다. 말의 놀라운 힘과 위험성을 깨달을 때 우리는 말을 지혜롭게 하는 것에 대해 분별하게 된다. 즉 지혜는 말할 때와 하지 말아야 할 때를 분별하는 것이다.

1 혀는 마음의 펜이다.

2 발은 미끄러져 넘어질지라도 혀는 미끄러뜨리지 말라.

3 그대의 친구는 친구를 가졌고, 그 친구에게도 친구가 있으며, 또 그 친구에게도 친구가 있다. 그러므로 친구에게 말하는 걸 조심하라.

4 귀로 무엇을 듣고 눈으로 무엇을 볼지를 자기 의지로 결정하기는 어렵다. 그러나 입은 의지대로 된다.

5 성미가 나쁜 혀는 성미가 나쁜 손보다 더 나쁘다.

6 말은 약과 같은 것이다. 신중하게 사용하지 않으면 안 된다.

7 방금 입에서 나온 말은 사람 귀에 언짢은 것들이 많다.

8 많은 사람들이 칼에 맞아 쓰러졌지만, 더 많은 사람이 혀에 맞아 쓰러졌다.

Jewish Think

내가 말을 하기 전까지 나는 말의 주인이다. 하지만 그것을 전달하고 나면 말의 포로가 되고 만다. 금과 돈을 관리하는 것처럼 혀를 지켜야 한다. 그러지 않으면 불명예와 불행을 가져올 수 있기 때문이다. 무엇보다 인생이란 단지 말하는 것이 아니라 생각에 관한 것임을 안다면 말하는 단어를 좀 더 신중하게 선택할 것이고, 좀 더 천천히 내뱉을 것이다. 그래서 우리는 올바른 말을 하기 위해 올바른 생각에 집중해야 한다.

서두름

서두름에는 과정을 밟지 않으려는 편의주의가 내재되어 있다. 심지 않고 거두려는 것이다. 또한 결과에 대한 확신과 신뢰가 없기 때문에 조급함을 드러내고 만다. 궁극적인 성취를 원한다면 손을 털고 맡겨 버린 후 기다림과 친해져야 한다.

1 서두른 결과는 기억에 꼭 남는다.

2 급하게 대답하는 사람은 빠르게 과오를 범한다.

3 성급하게 말하는 사람을 본 적 있는가? 바보가 그런 사람보다 훨씬 희망이 있다.

4 좀처럼 화내지 않는 사람은 이해심이 많고, 성급한 성격을 가진 사람은 어리석음을 드러낸다.

5 늘 서두르는 사람은 단지 원하는 것만 재촉할 뿐이다.

6 입술을 꼭 다물어라. 대답하기 위해 서두르지 말라.

7 이제 갓 열리기 시작한 오이를 보고 그 맛이 어떻다 속단해서는 안 된다.

8 곰이 아직 수풀 속에 있는데, 그 가죽을 팔아서는 안 된다.

9 땅을 사는 데에는 서두르지 말고, 아내를 데려오는 데에는 주저하지 말라.

10 적이 넘어지는 것을 기뻐하지 말고 서둘러 데리러 가지도 말라.

11 성급함의 결말은 후회다.

당신이 놓친 것에 대해 생각하지 마라. 과거의 실수에 계속 머물러서는 안 된다. 의식적으로 또는 무의식적으로 인생에서 항상 무언가를 놓칠 수 있다. 그래서 감히 해야 할 때에는 계속 움직여야 하고, 기다릴 필요가 있을 때에는 기다리는 것이 중요하다. 그렇다고 일찍 일을 시작하기 위해 서두르지 마라. 출발하기 전에 준비하면 된다. 이것은 시작하기 위한 시간을 지연시킨다는 의미가 아니다. 지금 바로 준비해서 시작하라는 뜻이다.

경청

경청은 상대방의 마음을 얻는 지혜다. 다른 사람을 가장 잘 설득하는 방법 중 하나는 그들의 말에 귀를 잘 기울여 주는 것이기 때문이다. 귀를 기울이다 보면 상대방이 말하지 않은 소리를 듣게 되는데, 그것이 상대방의 마음을 여는 열쇠다.

1 입보다 귀를 높은 자리에 두라.

2 사람에게 하나의 입과 두 개의 귀가 있다는 것은 말하기보다 듣기를 두 배로 하라는 뜻이다.

3 양쪽 귀를 거리로 기울여라.

4 남의 입에서 나오는 말보다 자기 입에서 나오는 말을 더욱 귀 기울여 들어라.

5 듣는 것은 빨리하고, 반응하는 것은 인내하면서 현명하게 하라.

6 마음의 문은 입이요, 마음의 창은 귀다.

7 귀는 입에서 나오는 소리를 듣지 못한다.

8 경청은 모방이 아니라 가장 진실된 아부일지 모른다. 누군가에게 영향을 주고 싶다면 그의 말에 귀를 기울여라. 그가 말을 끝냈을 때 이해하지 못하는 점이 있다면 물어보라.

9 사람의 귀는 자기 것이요, 혀는 남의 것이다.

Jewish Think

커뮤니케이션에서 가장 큰 문제점은 우리가 이해하고 있다고 생각하는 것에 대해 경청하지 않는다는 점이다. 대부분 이해하기 위해 듣는 것이 아니라 대답하기 위해 듣는다. 한편으로는 감정적인 귀를 가지고 있기 때문에 경청하기 힘든 사람들도 있다. 우리는 다른 사람의 고통에 대해 경청하고 이해하려는 마음으로 듣는 태도를 가질 필요가 있다. 그래서 상대방으로 하여금 자신이 중요하게 존중 받는다는 느낌을 주어야 한다.

배움

배움은 거저 이해하는 것이 아니다. 가르치는 사람뿐만 아니라 배우는 사람도 준비와 수고에 참여할 동등한 책임이 있다. 모든 세포를 집중하여 지식과 지혜를 습득하고자 할 때 가르치는 자가 소유한 것 이상을 얻을 수 있다.

1 배움이 없으면 태도가 옳지 못하다. 태도가 옳지 못하면 배우지 못한다. 지식이 없으면 빵마저 없는 것과 같다.

2 어린이들이 충고에는 귀를 막을 수 있지만 본보기에는 눈을 감지 못한다.

3 아이는 부모의 옆구리를 보고 자란다.

4 고양이에게 겸허함을 배울 수 있고, 개미로부터 정직함을 배울 수 있고, 비둘기로부터 정절을 배울 수 있으며, 수탉으로부터는 재산의 권리를 배울 수 있다.

5 당신이 새로운 재주를 배우고 있는 한, 아무도 그대를 늙은 사람이라고 부를 수 없다.

6 만약 당신이 악에 대한 충동에 사로잡히면 그것을 내쫓기 위해 무엇인가를 배우기 시작하라.

7 기도 드릴 때에는 짧게, 배울 때에는 길게 시간을 잡으라.

8 배움은 시야를 넓히고 감정을 깊게 함으로써 인격을 함양하는 것이다.

성숙해진다는 것은 인생이 무엇인지 배우는 것이다. 배움은 결코 마음을 다 소비하지 않는다. 사물을 사랑하고 사람들을 사용하기보다는 사람들을 사랑하고 사물을 사용하는 방법을 배워야 한다. 배움은 우연히 성취되지 않으며, 열정을 가지고 추구해야 하고 부지런히 노력해야 한다. 배움의 가장 아름다운 점은 아무도 내게서 그것을 빼앗을 수 없다는 것이다. 왜냐하면 배움은 이미 나의 몸의 일부가 되어 버렸기 때문이다.

현명함

지식과 이해력에 기초한 건전한 판단력을 성공적으로 사용하는 능력이 현명함이다. 다시 말해 현명한 사람은 지식을 소중히 쌓아 두기만 하는 사람이 아니라 활용할 만한 지식이 축적되어 있는 사람이다. 많은 지식만으로는 현명해질 수 없다.

1 교사에게 배우는 것보다 친구에게 배우는 것이 더 크고, 학생으로부터 배우는 것이 더욱 크다.

2 슬기로운 자와 벗하면 자연히 현명해지고, 어리석은 자와 벗하면 기필코 해를 입는다.

3 현명한 자는 빵을 자를 때 저울에 열 번은 달아보고 나서 자르고, 어리석은 자는 열 번을 잘라도 한 번을 달아보지 않는다.

4 대부분의 사람들이 항상 현명한 것은 아니기 때문에 잘못된 길로 가는 다수결을 따르지 말라.

5 어리석은 자들의 마음은 입안에 있고, 현명한 자들의 입은 마음속에 있다.

6 당신의 집을 지혜로운 자들을 위한 모임 장소로 제공하라. 그들의 발에서 흙먼지를 털고, 그들이 하는 말을 갈급한 심정으로 마셔라.

7 현명하다고 일컬음을 받는 사람은 자신의 결점이 무엇인지 알고 있는 자다.

8 우리는 너무 빨리 늙고, 현명해지는 것은 늦다.

질문은 생각하는 법을 가르쳐 준다. 다른 사람에게 답을 알려 주면 그가 얻는 것은 작은 사실들뿐이다. 하지만 다른 사람에게 질문을 하면 그는 자신의 해답을 찾을 것이다. 중요한 것은 자신의 마음을 따르고 내면의 목소리에 귀 기울이지만, 다른 사람들의 생각에 신경 쓰지 않는 것이다. 가장 현명한 사람은 자신의 방향을 따른다. 잊지 마라. 당신이 선택하는 것이 무엇이든 그것이 당신을 만든다.

최선

"차선은 최선의 적이다"라는 속담은 차선의 행운을 기다리지 말고 최선의 생활을 하라고 조언한다. 비록 이름 없는 평범한 삶을 살았다 해도 최선을 다할 때 우리는 가장 위대하고 성공적인 삶을 사는 것이다. 그리고 최선이 언제 기적을 불러올지 아무도 모른다.

1 날마다 오늘이 당신의 마지막 날이라고 생각하라. 날마다 오늘이 당신의 맨 처음 날이라고 생각하라.

2 신이 하는 모든 일은 최선을 위한 것이다.

3 신은 그의 마음에 원하는 모든 것을 주셨다. 그러나 그는 사지가 마비되어야 하고, 혀를 사용할 수 없어야 한다.

4 타협은 현실이 될 때가 최선이다.

5 애써 높은 자리를 잡으려 애쓰지 말고 낮은 자리에서 자신의 일에 최선을 다하라. 남으로부터 '내려가시오'라는 말을 듣느니 '올라가시오'라는 말을 듣는 편이 낫다.

6 최선의 최악보다 최악의 최선이 낫다.

7 최고의 시간이든 최악의 시간이든 우리에겐 유일한 시간이다.

Jewish Think

가능한 최선을 다하라. 그러면 필연적인 성공이 가능해진다. 열심히 노력하고, 자신의 운명을 통제하고, 자신에게 충실하고, 또 그것이 가능하다고 믿는다면 불가능을 달성하기 위한 무한한 힘을 얻게 될 것이다. 목표를 정하고 최선을 다해 도전한다면 당신 뒤에 오는 다른 사람들을 위한 역할 모델이 될 것이다. 사람들이 당신에게 나머지를 기대하지 않도록 끊임없이 당신 안에 있는 최선을 꺼내려고 노력하라.

행함

머리는 커졌지만 손발이 따라가지 않는 사람은 말이 많아질 수밖에 없다. 아는 지식의 크기에 비해 행동하는 지식이 적기 때문에 삶의 변화도 없는 것이다. 지식에 순종하여 행동할 때 지식은 권위와 가치를 가지게 되고, 지식이 체득된다.

1 지혜보다 행동이 넘치는 사람에게 지혜는 계속된다. 그러나 행동보다 지혜가 넘치는 사람에게 지혜는 계속되지 않는다.

2 행동하는 평범한 사람은 행동하지 않는 뛰어난 사람보다 더 멀리 간다.

3 배운 것은 많지만 선을 행하지 않는 사람은 야생마와 같다. 그래서 기수가 올라타자마자 그를 흔들어 떨어뜨린다.

4 바른 것을 배우기보다는 바른 것을 행하는 것이 훨씬 낫다.

5 신 앞에서 하듯이 사람들 앞에서도 행하라.

6 말은 적게 하고 행동은 더 많이 하라.

7 육체는 모든 일을 행하는 영혼의 도구다.

8 말로만 지혜를 발휘하지 말고, 행함으로도 지혜를 발휘하라.

당신이 꿈꾸는 삶을 살아라. 꿈이 일어나기를 기다리지 말고, 스스로 만들어 나가라. 당신은 폭풍 속에서도 춤출 수 있다. 비가 그치기를 기다리지 말고, 지금 당장 시작할 수 있다. 당신이 꿈꾸는 삶을 살기 시작할 때 끊임없이 장애물, 의심, 실수와 좌절이 있을 것이다. 그러나 열심히 노력하고 인내하며, 자신감을 가지고 실행해 나간다면 당신이 성취할 수 있는 것에는 한계가 없다.

논쟁

의사소통을 할 때 논리를 무기로 하여 서로 다른 주장을 하는 사람들이 말이나 글로 다투는 것이 논쟁이다. 하지만 그 목적은 상대를 설득하거나 이해시키는 것이 아니라 굴복시키는 것이다. 논쟁은 토론이 아니라 스포츠일 뿐이다.

1 두 사람이 모이면 세 가지 의견이 나온다.

2 부모와 아이들 사이의 논쟁에서는 항상 아이들이 우세하다.

3 세대는 지나가지만, 논쟁은 남아서 영원히 계속된다.

4 손님들의 능력이 확실하지 않으면 그들이 수치심을 느끼지 않도록 배운 것에 대해 논쟁하지 말라.

5 비난하지 마라. 나중에 건설적으로 토론하라.

6 상대방이 늘어날 때는 논쟁도 늘어난다.

7 집에서 논쟁을 벌이는 여성과 사는 것보다 지붕 위 구석에서 사는 게 더 낫다.

8 논쟁하기 전에 증거를 미리 준비하라.

9 논쟁을 위해 논쟁하는 사람은 천박한 사람이다.

논쟁을 할 때에는 무엇보다 먼저 자신의 동기를 과장하지 않고 이해시키는 것으로 시작해야 한다. 논쟁은 개인적인 비방으로는 대답할 수 없다. 비방에는 논리가 없으며, 결국 거짓은 스스로를 패배시킬 뿐이다. 논쟁에서 가장 중요한 전술은 당황스럽게 표정을 일그러뜨리지 않고 우아하게 당신 쪽으로 끌어당기면서 상대방을 위한 탈출구를 남기는 것이다.

습관

습관의 힘을 제2의 본성, 또는 우리의 생활에 강력한 영향을 미치는 힘이라고 부른다. 습관은 불과 같아서 고마운 빛과 열기가 될 수도 있지만 생명과 재산을 파괴하는 포악한 적이 될 수도 있다. 즉 습관은 행동의 산물이다.

1 성공도 실패도 다 습관이다.

2 익숙해진 모든 것을 포기하는 것은 불가능하다.

3 승리는 습관으로 얻을 수 있다.

4 습관은 두 번째 천성이라고 일컬어지는데, 결국 습관이 전통을 만들어낸다.

5 습관은 처음에 거미줄이었지만, 나중에는 쇠사슬이 된다.

6 어떤 습관에 돈을 쓰기 시작하면 그것을 취미라고 부른다.

7 좋은 것을 너무 많이 가지고 있다면 영원한 쾌락은 즐거움이 아니라 습관이 될 뿐이다. 즉 맛있는 음식도 많이 먹으면 물리는 법이다.

8 습관은 대개 어리석은 것일수록 더욱 굳어지기 마련이다.

습관은 우리로 하여금 어떤 일도 할 수 있게 만들어준다. 처음에는 우리가 습관을 만들지만, 그 다음에는 습관이 우리를 만든다. 그래서 습관을 바꾸는 것만으로도 인생을 바꿀 수 있다. 좋은 습관은 난관에 부딪혔을 때 타락의 기회를 줄이고, 마음의 평정을 잃었을 때 회복의 기회를 늘린다. 그러나 노력을 중단하는 것보다 더 위험한 것은 없다. 그것은 곧 습관을 잃는 것이기 때문이다. 습관은 버리기는 쉽지만, 다시 들이기는 어렵다.

노력

뛰어남이란 항상 더 잘 하려고 노력하는 데서 나온 꾸준한 결과다. 바꿔 말하면 힘이나 지능이 아닌 끈질긴 노력이 우리의 잠재력을 해방시켜 주는 열쇠라는 말이다. 대부분의 뛰어난 사람들에게도 성공 이전에 노력이 있었음을 기억해야 한다.

1 야옹거리며 우는 고양이는 쥐를 잡을 수 없다.

2 자신의 결점이 고쳐지기 힘들다고 해서 자기를 향상시키려는 노력을 멈추어서는 안 된다.

3 성공이라는 문을 열기 위해서는 밀든지 당기든지 하지 않으면 안 된다.

4 선을 행하지 않는 사람이 조상의 은덕에 의지해서는 안 된다.

5 무시의 가장 역겨운 형태는 사람이 자기 자녀들의 교육에 모든 노력을 기울이지 않는 것이다.

6 모든 위대하고 고귀한 노력에 맞서는 것은 수천 명의 평범한 사람들이다.

7 행운에 의지하기만 해서는 안 된다. 행운에 협력해야 한다.

8 완벽을 위해 혼자서 노력하고 성취하려는 것, 그것이 잘못이다.

노력하지 않고 뭔가를 잘할 수 있는 사람이 천재라고 한다면 과연 우리 주변에 그러한 사람이 있을까? 인생에서 특별한 목표를 달성하려고 한다면 노력하고, 더 노력하고, 좀 더 노력하고, 끊임없이 노력해야 한다. 그것이 성장의 비결이며, 잠재력의 자물쇠를 푸는 열쇠이기도 하다. 물론 노력한다고 해서 다 성공하는 것은 아니지만, 성공한 사람들의 공통점은 모두 노력이다. 우리가 노력 없이 얻을 수 있는 거의 유일한 것이 있다면 바로 나이듦뿐일 것이다.

비난

가까운 사람을 비난한다면 그 또한 나를 비난하게 된다. 비난을 받는 사람들은 대부분 내가 하는 비난은 정당하지만 상대방의 비난은 부당하다고 생각한다. 그러니 가까운 사람과의 관계가 좋은 상태로 유지되길 원한다면 비난하지 않는 게 가장 현명하다.

1 군중 앞에서 남을 창피하게 만드는 것은 피를 흘리게 하는 것과 같다.

2 당신을 비난하는 것은 내가 아니라 당신의 입이다. 당신의 입술이 당신에게 불리하게 증언한다.

3 사람은 넘어지면 먼저 돌을 탓한다. 돌이 없으면 비탈을 탓한다. 비탈도 없으면 신고 있는 구두를 탓한다. 누구나 좀처럼 자기 자신을 탓하지 않는다.

4 남에게서 백만 마디로 헐뜯음을 당하는 것보다 친구의 분별없는 한 마디 때문에 사람이 크게 다친다.

5 앞에서는 칭찬을 하지만, 등 뒤에서는 모든 것을 말한다.

6 우물에 침을 뱉는 자는 언젠가 그 물을 마시지 않으면 안 된다.

7 중상모략은 각종 무기보다 무섭다. 화살은 보이는 데까지 쏠 수 있지만, 중상모략은 멀리 있는 마을조차 멸망시킬 수 있다.

8 친구들의 결점을 들추어내는 사람은 친구들에게 도움을 받지 못한다.

9 비난으로 시작했더라도 결국 칭찬으로 마무리하라.

남이 내게 정중히 대해 주기를 바란다면 내가 먼저 남을 정중히 대해 주어야 한다. 또한 다른 사람을 판단하려거든 먼저 스스로를 판단해야 한다. 남을 비판하는 말은 도리어 스스로를 해치는 부메랑이 되어 돌아올 뿐이다. 침을 튀기고 피를 머금으면서 남을 비난하자면 먼저 자신의 입이 더러워지는 법이다. 비판 받지 않으려거든 비판하지 말아야 한다.

긍정

모든 것을 부정적으로 보면 괴로움을 느끼면서 하루하루를 불행하게 보내게 된다. 하지만 긍정적인 것에 초점을 맞추면 마음이 흥겹고 즐거울 것이다. 그래서 정원을 가꾸듯 자신의 태도를 관리하여 긍정적인 생각의 씨앗을 정신에 심어야 한다.

1 하나님은 명랑한 자를 축복하신다. 낙관은 자기뿐만 아니라 남도 환하게 한다.

2 어차피 먹을 바엔 맛있게 먹는 편이 좋다.

3 인생이란 다음에 무슨 일이 일어날지 모르는 상태에서 알 수 없더라도 변화를 받아들이는 것, 기회의 순간을 붙잡아 최선을 다하는 것과 같다. 즉 맛있는 모호성이다.

4 마음에 따라 사람의 모든 기관이 좌우된다. 마음은 보고, 걷고, 굳어지고, 부드러워지고, 기뻐하고, 슬퍼하고, 화내고, 두려워하고, 거만해지고, 사랑하고, 미워하고, 부러워하고, 사색하고, 질투하고, 반성한다. 그러므로 세상에서 가장 강한 사람은 자기의 마음을 통제할 수 있는 자다.

5 비관론자는 두 가지 나쁜 선택에 직면하게 되면 둘 다 고른다.

6 스스로 웃을 수 있는 자는 남에게 웃음을 사지 않는다.

7 어둠과 싸우기보다는 불빛을 더욱 밝게 하라.

아주 사소한 생각조차 영향을 끼쳐 뇌 구조를 바꾼다. 좋은 생각이든 나쁜 생각이든 뇌에 신경회로를 만든다. 그래서 같은 생각을 여러 번 반복하면 습관으로 굳어 버리고, 성격도 생각하는 방향으로 바뀌게 된다. 그러니 생각을 원하는 방향으로 바꾸고 그 상태를 단단히 유지해 새로운 습관을 들여라. 그러면 뇌 구조가 거기에 맞게 변경될 것이다.

표현

표현은 충만한 삶을 살아가는 삶의 기술로서 윤활유라고 할 수 있다. 표현하지 않는 마음은 전달되지 않듯 말과 행동으로 드러낼 때에만 진심이 받아들여진다. 그래서 사람들은 표현을 통해 고립된 개개인이 관계의 연결을 만들어가는 것이다.

1 표정은 최악의 밀고자다.

2 만일 모든 사람을 사랑할 수가 없다면 인사치레로 하는 말이라도 배워야 한다.

3 적절한 표현이 좋은 인상을 준다.

4 아무리 잘 번역한다 해도 원문의 정확한 의미를 충분히 표현할 수는 없다.

5 믿음은 마음속에만 있는 것이 아니다. 그것은 말로 표현되어야 한다.

6 문법은 음식에서 소금의 의미를 표현하는 것이다. 적절한 분량이어야 한다.

7 똑똑한 사람은 그의 표정으로 알 수 있다.

8 인간의 언어는 사상을 표현하는 수단일 뿐만 아니라 창조물 그 자체이기도 하다.

언어가 적어지면 세상 사람들 사이에 의사소통이 쉬워지기 때문에 더 좋은 일이 아닐까? 하지만 그것은 다른 면에서 나빠질 수도 있다. 언어는 구조와 어휘에 따라 인과 관계, 감정, 개인적인 책임을 표현하는 방식이 서로 다르기 때문에 생각이 어떻게 달라지느냐에 따라 표현도 다르다. 최고의 언어는 없다. 대신 언어마다 각기 목적에 더 적합한 표현이 될 수 있다.

정직

인간관계에서 정직은 단지 미덕이 아니라 반드시 갖춰야 할 요소이자 본질적 역량이다. 경쟁사회에서 생존하기 위해 가장 먼저 정직을 희생한다면 인생의 소중한 사람들로부터 버림받을 수도 있다. 정직은 오랫동안 의미 있는 공존의 열쇠라는 것을 잊어서는 안 된다.

1 열쇠는 정직한 자를 위해서만 존재한다.

2 뇌물이 현관문으로 들어올 때 정직은 창문을 통해 사라진다.

3 사기꾼들이 진정으로 정직한 사람들을 만났을 때 그들을 사기꾼인 자신들보다 더 위대한 사기꾼이라고 여긴다.

4 정직은 진정한 과학적, 학문적 연구의 전제 조건이다.

5 아들을 정직한 직업에 종사하도록 키우지 않는 사람은 아들을 도둑으로 키우는 것이다.

6 부자가 아니라 정직한 사람이 돈을 내는 사람이다.

7 계약은 정직한 사람에게만 유효하다.

8 사기로 번 돈보다 정직하게 벌어서 조금 기부하는 것이 더 낫다.

9 정직한 말은 얼마나 강력한가!

정직과 성실을 당신의 벗으로 삼아라! 아무리 누가 당신과 친하다고 해도 당신의 몸에서 나온 정직과 성실만큼 당신을 돕지 못할 것이다. 다른 사람들의 믿음을 잃었을 때 가장 비참한 법이다. 백 권의 책보다 당신의 성실한 마음이 사람을 움직이는 힘이 더 크다. 그러므로 정직한 사람의 한마디는 자기앞 수표와 같으며, 진실을 사랑하는 마음에서 나온 정직함은 최고의 처세술이다.

기만

속임수는 주변의 모든 것을 파괴하고, 가장 빽빽한 숲과 가장 높은 벽조차도 붕괴시킬 수 있는 힘을 가졌다. 상처가 되는 것은 속임수가 가까운 사람에게서 나온다는 것과 그것의 후폭풍이다. 무엇보다 신뢰라는 중요한 감정이 무너진다는 것이다.

1 남을 속이느니 자신을 속이는 편이 쉽다.

2 다른 사람에게 한 번 속았다면 그 사람을 저주하라. 만일 같은 사람에게 두 번 속았다면 자신을 저주하라.

3 거울이 우리를 가장 기만하는 자일 수 있다.

4 의사에게 거짓말을 한 환자는 자기 자신만 속일 뿐이다.

5 추측하는 것은 속는 것이다.

6 아이와 약속하고 지키지 않는 것은 아이에게 거짓말을 가르치는 것이다.

7 어머니가 나이가 들었을 때 어머니를 속이지 마라!

8 사기죄가 거래에 적용되는 것과 마찬가지로 말에도 적용된다.

9 자신을 속일 수 있는 사람은 다른 사람만 속일 수 있는 사람보다 훨씬 더 위험하다.

10 말로 기만 하는 것은 돈으로 하는 것보다 더 나쁘다.

Jewish Think

우리는 다른 사람들 앞에서 자신을 위장하는 일에 매우 익숙해져 있기 때문에 결국 자신에 대해서도 본능적으로 위장하게 된다. 어떤 사람들은 속이지 않음으로써 속이고, 또 속임을 당하기도 한다. 그러나 속임을 당할까 두려워하는 마음은 진실 추구의 가장 천박한 표현이다. 거짓말은 그 자체로도 죄지만, 정신까지 더럽힌다. 또한 말한 사람의 눈빛을 비천하게 만든다는 것을 잊어서는 안 된다.

정의

힘없는 정의는 무력하고 정의 없는 힘은 폭력이다. 힘없는 정의는 반대에 부딪힌다. 왜냐하면 사악한 자들이 항상 존재하기 때문이다. 또 정의 없는 힘은 규탄을 받는다. 그러므로 정의와 힘이 함께해야 한다. 그러기 위해서 정의가 강해지거나 강한 것이 정의로워야 한다.

1 검사는 변호인이 될 수 없다.

2 피고의 자백은 증인 백 명의 가치가 있다.

3 불의를 저지르는 것보다 차라리 당하는 것이 낫다.

4 의로운 자들은 서로 평화롭게 지낸다.

5 의로움에 대한 보상은 평화다.

6 교훈의 가장 중요한 목적은 마음을 올바르게 하는 것이다.

7 뇌물은 똑똑한 사람들도 눈을 멀게 만든다. 이 얼마나 어리석은 자인가?

8 사람에 대한 경고는 사회 전체에 대한 경고다.

9 정의를 지키고 의를 행하는 자는 복이 있다.

10 강도의 공범은 강도만큼 나쁘다.

우리는 정의로운 것을 힘세게 만들 수 없으므로 힘센 것을 정의로운 것으로 여겨 왔다. 힘없는 정의는 도움이 안 된다. 하지만 정의가 없는 힘은 폭군이다. 그러므로 언제나 정의를 행하라. 이것은 많은 사람들을 기쁘게 할 것이며, 그밖의 사람들을 놀라게 할 것이다. 또한 정의는 행동에 의하여 진실해지는데, 인간은 바르지 못하나 신은 공정하며, 최후에는 반드시 정의가 승리하게 될 것이다.

태도

사람은 어떤 태도를 갖고 있느냐에 따라 사는 방식이 크게 달라진다. 좋은 태도를 갖고 있는 사람은 매우 어려운 상황에 처해 있어도 행복할 수 있다. 나쁜 태도를 갖고 있는 사람에게는 만사가 형통한 것 같아도 도무지 좋아 보이는 것이 없다.

1 세상에는 잘못된 태도를 가진 세 종류의 사람이 있다. 금방 성내는 사람, 간단히 남을 용서하는 사람, 너무나도 완고한 사람이다.

2 물고기는 물이 없어지면 죽는다. 하지만 사람은 예의가 없어지면 죽는다.

3 바른 태도가 배움보다 낫다.

4 우리의 태도는 삶을 통제한다. 태도는 좋든 나쁘든 간에 하루 24시간 일하게 하는 비밀의 힘이다. 우리가 어떻게 이 힘을 활용하고 조절하는지 아는 것이 가장 중요하다.

5 예의범절을 아는 사람은 예의범절을 모르는 사람을 아는 체하지 않는다.

6 나약한 태도는 성격도 나약하게 만든다.

7 들어갈 때와 나갈 때 항상 예의를 지켜야 한다.

8 모든 사람들에게 먼저 인사하라.

9 좋은 예의범절에게 있어서 시험이란 나쁜 것들을 인내심 있게 참는 것이다.

10 훌륭한 매너는 사회적 관계에서 윤활유와 같다. 상냥한 태도만큼 능력을 돋보이게 하는 것은 없다.

11 품위 없는 사람은 시대에 뒤떨어진 이야기와 같다.

우리는 다른 사람들에게 따뜻하게 대하는 태도를 습관화하도록 노력해야 한다. 그가 사랑을 받을 만한지, 아닌지를 따질 필요가 없다. 이 세상에 악한 사람은 거의 없다고 해도 무방하다. 왜냐하면 누가 참으로 정당한지 아닌지를 간단하게 판단하기 어렵기 때문이다. 따뜻한 마음을 잃는다면 무엇보다도 그 자신의 인생이 외롭고 비참하게 된다.

책임

책임을 잘 이행한다는 것은 맡은 일에 최선을 다하는 의무이며, 사람 사이의 헌신과 신뢰를 나타내는 것이다. 그래서 책임을 이행하는 일은 매우 중요하다. 책임을 지키려고 하고 다른 사람에게 전가시키려고 하지 않는 것은 고귀한 일이다.

1 내가 원하는 것은 가벼운 짐이 아니라 강건한 어깨다.

2 탈곡장에서 일하는 소에게 곡식 부스러기를 못 먹게 할 순 없다. 그러나 소가 탈곡에는 전혀 관심이 없고 입이 터지도록 곡식을 퍼먹는 데에만 정신이 팔려 있다면 즉시 도살장으로 보내야 함이 마땅하다.

3 제공할 힘이 있음에도 불구하고 간절한 도움을 거절하는 사람은 정의에 대한 책임을 져야 한다.

4 침묵을 지키며 곤경에 처한 친구의 부름에 응하지 않는 사람은 결국 그 자신이 책임지게 된다.

5 사람은 항상 책임을 져야 있다. 그의 행동이 의도적이든 우연이든, 깨어 있든 자고 있든 말이다.

6 죄책감을 느끼는 사람은 책임감을 느끼는 것이다.

7 대부분의 사람들은 진정으로 자유를 원하지 않는다. 자유에는 책임이 수반되고, 또한 책임감을 두려워하기 때문이다.

8 기독교인이 하는 일은 자기 책임이지만, 유대인이 하는 일은 모든 유대인에게 돌아오는 것이다.

9 중력은 사랑에 빠진 사람들을 책임지지 않는다.

10 고난을 당할 때에는 슬픔에 가득 찬 말을 한다 해도 책임지지 않아도 된다.

11 나로 인해 발생한 모든 손해에 대해서는 전적으로 나에게 책임이 있다.

책임과 권위는 동전의 양면과 같다. 권위가 없는 책임이란 있을 수 없으며, 책임이 따르지 않는 권위도 있을 수 없다. 책임을 지고 일을 하는 사람은 회사, 공장 등 사회 어느 곳에 있더라도 반드시 두각을 나타낸다. 책임 있는 일을 하라. 일의 대소를 불문하고 책임을 다하면 반드시 성공할 것이다.

2장

마음에 대하여

유대인들의 정신과 마음을 지탱해 온 근간은 토라였다. 토라는 성경의 율법서라고 불리는 것이다. 또한 유대교의 스승이라고 할 수 있는 랍비들이 그 토라를 해석하여 가르치고 전승해 왔으며, 그 해석과 생각을 글로 옮긴 「탈무드」를 통해 유대인들의 마음을 지켜왔다. 토라는 유대인들의 철학과 세계관의 기초를 다지는 역할을 했고, 그에 대한 확고한 신념이 굳건한 정신세계를 이끌어왔다. 흔들리지 않는 견고한 심지가 인생의 등락을 경험할 때에도 평상심을 유지하게 만든 것이다.

유연함

유연함이란 하나의 틀에 갇혀 한 방법만 고수하기보다 여러 가능성과 상황에 따라 사고방식을 창의적으로 바꾸는 것이다. 과거에 경험했던 방법만 고수하지 않고, 자신만의 세계관 바탕 위에 모든 것을 의심하며 나아가는 것이다.

1 백향목처럼 뻣뻣하게 굳어 있지 말고 언제나 갈대처럼 유연해야 한다.

2 승자는 다른 길도 있으리라 생각하지만, 패자는 길이 오직 하나뿐이라고 고집한다.

3 유연함을 지닌 사람은 아무리 나이를 먹어도 젊다.

4 어린 나무는 휘게 되지만, 늙은 나무는 부러진다.

5 부드러운 말은 뼈까지 부러뜨릴 수 있다.

6 도움을 주는 것은 회초리가 아니라 좋은 말이다.

7 부드러운 흙으로 만들어진 남자를 기쁘게 하는 편이 딱딱한 뼈로 만들어진 여자를 기쁘게 하는 것보다 훨씬 쉽다.

8 부드러운 대답이 분노를 가라앉힌다.

Jewish Think

길게 보고 넓게 생각한다면 침착함과 긍정과 여유로움을 가질 수 있다. 가슴속에 유연한 생각을 품은 사람은 초조해하거나 불안해하지 않는다. 어려움이 닥치고 막다른 길로 다다랐을 때 생각을 바꾸면 된다는 걸 알기 때문이다. 유연함은 다른 생각을 받아들이고 새로운 지식과 방법을 쉽게 수용할 수 있도록 이끌어 준다. 또한 아무리 완고한 사람이라 할지라도 그의 친구가 되어 줄 수 있고, 그와 함께할 수 있게 된다.

두려움

두려움에는 두 가지가 있다. 유익하며 장려되어야 할 두려움과 해가 되며 극복해야 할 두려움이다. 전자는 정의와 진리와 사랑에 대해 두려움을 품고 지키고자 하는 것이며, 후자는 종종 자신의 미래와 또 발생할 일들로 인하여 갖게 되는 두려움이다.

1 사람의 눈에 보이는 것보다 보이지 않는 것이 더 무서운 법이다.

2 비록 자신은 약하지만 강한 것을 두렵게 하는 것이 있다. 첫째, 모기는 사자에게 두려움을 준다. 둘째, 거머리는 물소에게 두려움을 준다. 셋째, 파리는 전갈에게 두려움을 준다. 넷째, 거미는 매에게 두려움을 준다. 아무리 크고 힘이 강하다고 해서 반드시 무서운 존재라고 할 순 없다. 매우 힘이 약하더라도 어떤 조건만 갖추어져 있다면 강한 자를 이길 수 있다.

3 한번 뱀에게 물린 사람은 그 새끼를 보고도 주눅 든다.

4 사람은 지나간 과거를 걱정하고, 현재에 대해 화를 내며, 미래를 두려워한다.

5 만약 나뭇잎이 무섭다면 숲에 들어가지 마라.

6 사람들은 염소 앞, 노새 뒤, 그리고 바보의 모든 면에 대해 두려움을 가지고 있다.

7 고기를 먹고 숨겨야 하는 것보다 풀뿌리를 먹고 빚쟁이를 두려워하지 않는 것이 더 낫다.

8 사랑에 복종하는 것이 두려움에 복종하는 것보다 낫다.

Jewish Think

때때로 두려움이 있기 때문에 우리가 위험에 덜 노출될 수 있다. 적절한 두려움은 안전을 추구할 수 있도록 이끈다. 사실 그것은 실체가 없는 허상이다. 두려움을 느끼는 이유는 경험한 과거의 기억이 압박을 주기 때문이다. 이 허상이 우리의 전진을 가로막지 않도록 하려면 완벽해지기를 포기하면 된다. 잘하려는 생각을 내려놓고 때로 욕먹을 각오를 하면서 나의 불완전함을 용인해 주면 된다.

고통

이 세상 삶이란 괴로움과 아픔으로 특징지을 수 있는데, 아픔은 떼어놓을 수 없는 생활의 일부이자 생명현상이다. 동물들은 모두 감각으로서의 아픔만 느낀다. 반면 '괴롭다'는 것은 사람만 느끼는 생리적 감각 이상의 통증이다. 그러나 그 고통을 벗어나겠다고 동물의 삶을 선택할 사람은 없을 것이다.

1 사람들 앞에서 수치를 당하는 것보다 마음의 고통을 느끼는 것이 낫다.

2 다른 사람들의 고통에 익숙해지지 말라.

3 부서진 가슴만이 온전한 가슴이다.

4 아픔을 맛본 적 없는 자는 사람이 아니다.

5 자녀가 어린아이일 때에는 두통을 주지만, 자라서는 마음의 고통을 준다.

6 천둥이 치지 않으면 비가 오지 않듯이 고통 없이 태어난 아기는 없다.

7 가장 큰 고통은 남에게 말할 수 없는 고통이다.

8 아픈 친구를 방문하는 사람은 그의 고통을 조금씩 덜어준다.

Jewish Think

고통을 잊는 것도 어렵지만 단맛을 기억하는 것이 훨씬 어렵다. 때로 상처 조직이 덮이면 고통은 줄어들지 모른다. 하지만 통증은 결코 사라지지 않는다. 어떤 오래된 상처들은 진정으로 치유되지 않는다. 겉으로 보이는 흉터는 없으나 마음속에 도사리고 있다가 불쑥 나타나 고통을 되새김질하게 만든다. 고통을 안고 가야 한다면 우리는 고통을 지혜로 바꾸는 방법을 배워야 한다. 의미가 있는 한 고통은 견딜 만하다.

양심

양심은 '어떤 사실에 관하여 누구나 다 인정하는 지식을 가지다'라는 뜻의 헬라어 '쉬노이다σύνοιδα'에서 파생된 명사인데, '인간의 마음 내부에서 자신의 행위를 살펴서 선악에 대해 판단케 하는 내면의 도덕적 규범'이라고 정의할 수 있다.

1 당신은 의지의 주인이 되고, 양심의 노예가 되라.

2 이익을 정직하게 나눌 수 있는 좋은 방법은 무엇인가? 엘르아살 랍비*는 '선한 양심'이라고 말했다.

3 양심은 누군가가 보고 있을지도 모른다고 경고하는 내면의 목소리다.

4 국가가 요구할지라도 양심에 어긋나는 일은 절대 하지 마라.

5 법은 모든 시민들이 복종해야 한다는 내적인 강렬한 욕구가 있도록 도덕적 기반을 가져야 한다.

* 랍비(Rabbi) 유대교의 율법학자를 이르는 말로, 존경 받을 만한 인물이나 학식이 많은 선생을 부르는 존칭이다.

6 양심이 여전히 그것을 알고 있는 한 죄책감은 잊히지 않는다.

7 마음이 먼 것보다 눈이 먼 것이 차라리 낫다.

8 양심이 없는 사람에게는 어떠한 나침반도 소용이 없다.

미성숙한 양심은 스스로 판단을 하지 않고 단지 다른 사람들의 판단에 순응한다. 그것은 진정한 자유가 아니며, 진정한 사랑을 가로막는다. 진실하고 자유롭게 사랑한다면 우리는 진정으로 다른 것을 위해 자신만의 것을 줄 수 있어야 하기 때문이다. 우리의 마음이 우리에게 있지 않다면 그것을 다른 사람에게 꺼내 줄 수 없다.

부끄러움

인간은 생존과 번식의 경쟁에서 뒤처지지 않으려는 본성 때문에 자신의 열등함을 다른 사람에게 드러내고 싶지 않은 욕구가 있다. 부끄러움이라는 감정의 뿌리에 이 욕구가 존재하는데, 수치심과 수줍음에 기인하여 느끼는 감정이다.

1 수줍음이 많은 사람은 배우지 못하며, 엄격한 사람은 가르칠 줄 모르는 사람이다.

2 누구든지 가족을 부끄럽게 하는 사람에게는 복이 없다.

3 부끄러운 줄 아는 사람에게는 항상 희망이 있다.

4 부끄러움을 모르는 것과 자부심은 형제간이다.

5 친구에게 물을 달라고 하면서 얼굴을 붉히지 않는 것처럼 어린 사람에게 가르쳐 달라고 부탁하는 것도 부끄러운 일이 아니다.

6 답을 모르더라도 모르겠다고 대답하되, 부끄러워하지 말라.

7 나의 일은 부끄러운 것이 아니다.

8 이상한 바보는 우스꽝스럽지만, 자기 자신의 어리석음은 부끄러운 것이다.

9 우리 모두가 그들 중에 포함될 것이니, 나이든 사람을 부끄러워하지 말라.

Jewish Think

내성적인 사람들은 항상 그들이 생각하는 것 이상을 알고 있다. 이는 매우 정상적이긴 하지만 그들의 내면세계는 이상하게 여겨지기도 한다. 그러나 조용한 사람의 사회적 인식과 현실감을 과소평가하지 마라. 그들은 가장 조심스럽고 흡입력 있는 사람들이다. 그래서 내성적인 사람을 두고 수줍어하거나 반사회적이라고 평가하면 안 된다. 그들은 내면적 에너지를 전달하는 방향이 내적이고, 재충전하는 방법이 대개 혼자 있는 것이다. 이는 극복해야 할 약점일 수도 있으나 치유되어야 할 대상은 아니다.

기억

신경 단위에 남겨진 흔적으로서 비교적 오랫동안 저장되어진 것을 기억이라고 한다. 그런데 배움이 없는 기억은 한정적이기 때문에 나이가 들어서도 계속 배워야 한다. 계속적인 배움이 없다면 뇌 세포가 줄어들면서 기억에 문제가 생기기 때문이다.

1 기억을 증진시키는 가장 좋은 약은 감탄사다.

2 모든 시어머니들은 자신도 한때 며느리였다는 사실을 기억해야만 한다.

3 비만, 돈, 자만심은 기억력에 좋지 않다.

4 의인을 기념할 때에는 칭찬을 하지만 악인의 이름은 썩게 된다.

5 기억력이 좋은 사람이라고 모두 똑똑한 것은 아니다.

6 참회하는 자에게 "한때 네가 했던 일들을 기억하라"고 말하지 말아야 한다.

7 기억은 잊어버린 것보다 더 많은 것을 생각해 낼 수 없다.

8 사람은 남들이 행한 일보다 자기가 한 선행과 호의를 더욱 잘 기억한다.

9 사람들의 기억은 역사다. 기억이 없는 사람, 곧 역사가 없는 사람들은 더 현명해질 수 없다.

Jewish Think

기억은 당신을 내면에서부터 따뜻하게 하지만 어떤 기억은 당신을 찢어 버리기도 한다. 그 기억이 가지고 있는 나쁜 부분은 사실 고통이 아니라 외로움이다. 그래서 기억은 다른 사람과 나눌 필요가 있다. 기억하는 것이 때로 무척 힘들고 두려울 때도 있다. 그래서 시간을 되돌리고 모든 슬픔과 고통이 사라지기를 바라는 때도 있다. 하지만 만약 그랬다면 즐거웠던 기억도 사라질 것이다.

성격

성격이란 사회적 역할과 같은 것으로서 우리가 사회인으로 행동할 때 착용하는 가면과도 같다. 성격은 우리의 사고, 감정, 행위를 포함한 일련의 공통성을 내포하고 있는데, 자신이 처한 상황에서 생존하기 위해 스스로 발달시키고 형성시켜 온 것이다.

1 돈을 잃을 때의 모습을 보면 그의 인품을 알 수 있다.

2 남자의 성격을 보여 주는 세 가지가 있다. 음주, 주머니 그리고 분노다.

3 인격과 자긍심이 부족한 사람은 결코 스타일 있는 사람이 될 수 없다.

4 한 나라의 전설은 그 나라의 역사나 사건보다 성격을 더 명확하게 드러낸다.

5 여자가 머리 색깔은 바꿀 수 있지만, 그녀의 성격까지 바꿀 수는 없다.

6 여자는 그녀의 남편보다 더 빨리 손님의 성격을 파악한다.

7 사람의 성격을 가장 잘 보여 주는 지표는 자신에게 도움이 되지 않는 사람들을 어떻게 대하느냐다.

8 부모가 좋은 충고를 해 주거나 올바른 길로 이끌어 줄 순 있지만, 사람의 성격은 그 자신의 손에 달려 있다.

Jewish Think

사람의 성격을 알아볼 수 있는 지표는 그가 싫어하는 사람들을 어떻게 대하는지 보면 알 수 있다. 좋은 성격은 우리를 인간으로 정의하고 때로는 위대하게 우리를 인도하는 자질이기도 하다. 평판은 단지 다른 사람들이 생각하는 것이지만, 성격은 우리의 본성이기 때문에 명성보다 더 중요한 것이다. 그러므로 우리의 행동과 태도에 대한 책임이 있음을 아는 것은 자신의 운명을 자유롭게 바꿀 수 있음을 의미한다고 할 수 있다.

절제

정도를 넘지 않도록 알맞게 조절하거나 제어하는 것이 절제다. 우리 삶에 있어서 브레이크 장치와 같은 역할이다. 인간이 절제해야 할 이유는 목표가 있기 때문인데, 불필요한 곳에 에너지가 낭비되는 것을 막고 한 곳에 집중함으로써 목표를 이뤄 나갈 수 있게 된다.

[1] 만약 당신의 영혼을 통제하고 싶다면 당신의 지성에게 선물로 건네주라.

[2] 누가 가장 똑똑한 사람인가? 모든 사물에서 무엇인가를 배울 줄 아는 사람이 똑똑한 사람이다. 누가 강한 사람인가? 자기 자신을 절제할 수 있는 사람이 강한 사람이다. 누가 가장 풍족한 사람인가? 자신에게 주어진 몫에 만족하는 사람이 풍족한 사람이다.

[3] 값비싼 유리잔은 너무 찬 것을 넣어도, 너무 뜨거운 것을 넣어도 깨져 버린다.

[4] 사람이 자신의 화도 다스리지 못한다면 어떻게 다른 사람을 다스릴 수 있을까?

5 진정한 영웅은 욕망을 정복한 사람이다.

6 어떤 동아줄이라도 너무 세게 잡아당기면 끊어져 버린다.

7 자신감, 반성, 술, 성은 적당한 양으로 도에 지나치지 않으면 활력이 된다.

8 자제력이 없는 사람은 성벽이 무너지고 도시가 습격당하는 것과 같다.

모든 것을 피하고 두려워하는 사람은 겁쟁이가 된다. 반면 아무것도 두려워하지 않고 모든 위험을 즐기는 사람은 무모하다. 마찬가지로 즐거움에 빠지거나 아무에게도 굴하지 않는 사람은 방탕한 사람이 된다. 그러므로 절제와 용기는 과잉과 결핍에 의해 파괴되고 평균에 의해 보존된다. 절제는 지속적인 즐거움의 열쇠이며, 현명한 정책이다. 절제는 다른 사람들을 위한 것이라는 점에서 규율과 다르다.

울음

동물들은 소리를 내어 부르짖지만, 사람은 감정에 의한 눈물을 흘리면서 울음을 보이는 유일한 동물이다. 울음은 부끄러운 것이 아니며, 참을 필요가 없다. 울음이 몸과 마음에 긍정적 변화를 이끌어 낼 뿐 아니라 사람 사이의 유대를 이끌어 내기 때문이다.

1 함께 웃은 사람은 잊어도 같이 운 사람의 이름은 못 잊는 법이다.

2 울기만 하면서 일생을 지내서는 안 된다. 또 웃기만 하면서 평생을 보내서도 안 된다.

3 가난한 사람들의 울부짖음에 귀를 막는 사람은 훗날 자신이 울부짖을 때 아무도 듣지 못할 것이다.

4 모두가 웃고 있을 때 혼자 울면 안 된다. 또한 모두가 울고 있을 때 혼자 웃으면 안 된다.

5 하나님은 그 여자의 눈물을 헤아리시니 여자가 울지 않도록 조심하라.

6 돈을 빌릴 때는 웃지 말라. 만일 웃으면 갚을 때 울게 되리라.

7 엎질러진 우유에 울어 봐야 소용없다.

8 당신이 웃으면 모두가 보게 되지만, 당신이 울면 아무도 보지 않는다.

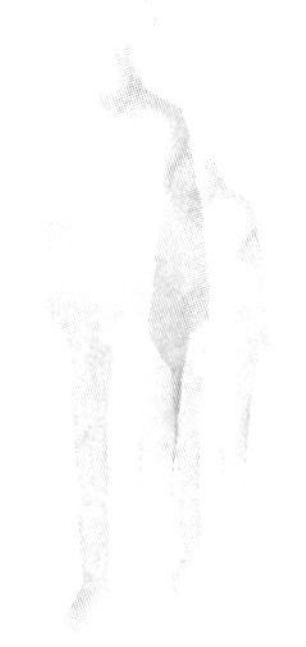

Jewish Think

우는 것에 대해 사과하지 마라. 울음이 없다면 우리는 로봇일 뿐이다. 그래서 눈물을 부끄러워할 필요가 없으며, 슬퍼할 권리가 있다. 눈물은 그저 물이지만, 식물은 물 없이 자랄 수 없다. 상처 입은 마음은 언젠가 제시간에 치유될 것이다. 눈물이 우리의 딱딱한 마음을 덮고 있는 먼지 위에 비 내리듯 떨어지면 울음이 계속되어도 괜찮다. 하지만 결국 그쳐야 하고, 그 다음에 해야 할 일을 결정하면 된다.

슬픔

슬픔은 부정적인 감정 표현으로 사랑, 우정, 의존, 공영의 대상이 없어졌을 때 나타나며, 대상과 관계가 강할수록 깊은 슬픔이 찾아온다. 슬픔은 부정적인 현실을 받아들임과 동시에 복받쳐 오는 감정이다.

1 모든 사람들을 즐겁게 하고 기쁘게 하려는 이는 슬픔으로 죽을 것이다.

2 영웅도 슬픔으로 인해 망한다.

3 지식이 많으면 많을수록 슬픔도 커진다.

4 슬픔은 세계를 일주하는 바퀴와 같다.

5 어리석은 아들은 어머니의 슬픔이다.

6 사람은 기쁨만으로 살아 있을 수 없으며, 슬픔만으로 죽음에 이르지도 않는다.

7 네 친구의 아들이 죽으면 그의 슬픔을 일부 안아 주라. 네 친구가 죽으면 슬픔에서 벗어나라.

8 대개 사람들은 남의 슬픔은 잘 모른다.

9 광대가 인간의 삶의 슬픔을 덜어 주는 데 도움을 주었다면 하늘나라에서 첫 번째가 될 것이다.

10 슬픔에 잠긴 채로 죽는 것보다 기쁨에 젖어 사는 것이 더 낫다.

슬픔은 마음속 구석구석을 강력하게 청소하기 때문에 새로운 기쁨이 들어갈 공간을 만들 수 있다. 슬픔은 마음의 가지에서 썩은 잎을 흔들어 떨구게 하고, 그 자리에 신선한 잎이 자랄 수 있게 한다. 슬픔은 또한 땅 속에 숨겨진 새로운 뿌리가 자랄 수 있도록 썩은 뿌리를 거두어들인다. 슬픔이 당신의 마음을 흔들어 놓을지라도 훨씬 좋은 것들이 그 자리에서 돋아날 것이다.

기도

기도는 절대자에게 바라거나 요청하는 의미를 포함한다. 하지만 신은 사람의 모든 요구를 들어 주는 존재가 아니다. 그런 의미에서 기도는 신의 목적에 순응하기 위해 마음을 열어 대화를 통해 하나가 되는 것을 경험하는 행위다.

1 다른 사람들을 위해 기도하는 것이 곧 자신을 위해 기도하는 것이다.

2 기도를 통해 우리는 하나님에 대한, 그리고 다른 사람에 대한 자세와 태도, 그리고 마땅히 해야 할 일이 무엇인지 명확히 알 수 있다.

3 기도하기 전에 그 기도가 반드시 절실한지 자신에게 물어보라. 그렇지 않으면 기도하지 말라. 습관적인 기도는 참되지 못하기 때문이다.

4 아무리 기도해도 효과가 없는 것처럼 느껴진다면 기도에 더욱 열을 올려라.

5 기도에 취한 주정뱅이는 우상숭배자로 간주된다.

6 아픈 사람이 다른 아픈 사람을 위해 기도할 때 그 기도의 힘은 배가 된다.

7 큰소리로 기도하는 사람은 그가 믿음이 없다는 것을 보여준다.

8 마음이 편하지 않을 때는 기도하지 말라.

9 평화가 없는 곳에서는 기도가 받아들여지지 않는다.

10 과거를 위해 울고 있는 사람은 헛된 기도를 하고 있는 것이다.

기도는 요구하지 않는다. 그것은 영혼의 갈망이다. 기도는 매일 자신의 약점을 인정한다. 마음이 없는 말보다 말이 없는 말을 하는 것이어서 더욱 좋다. 기도할 때에는 쉬운 삶을 위해 기도하지 말고 힘든 일을 견뎌낼 힘을 달라고 기도해야 한다. 기도의 기능은 신에게 영향을 주는 것이 아니라 기도하는 사람의 본질을 바꾸는 것이기 때문이다. 기도란 결국 신의 손에 자신에 대한 처분을 맡기고 자신의 목소리를 듣는 것이다.

걱정

사람들의 걱정의 92퍼센트는 걱정한다고 해서 해결되는 일이 아니라는 통계가 있다. 걱정은 내일의 슬픔을 덜어 주는 것이 아니라 오늘의 힘을 앗아갈 뿐이다. 걱정을 해서 걱정이 없어지면 걱정이 없을 것이다.

1 당신이 죽었을 땐 벌레가 먹고, 당신이 살았을 땐 근심이 먹는다.

2 근심은 사람을 빨리 늙게 한다.

3 부는 근심을 낳지만, 지혜는 마음의 평화를 가져온다.

4 열 가지 작은 걱정이 하나의 큰 걱정보다 낫다.

5 만약 가장 중요한 장수 비결이 무엇인지 묻는다면 나는 걱정, 스트레스, 긴장을 피하는 것이라고 말해 줄 것이다. 그리고 만약 당신이 내게 묻지 않았다 해도 나는 여전히 그것을 말할 것이다.

6 돈이 많으면 많을수록 걱정도 많다.

7 내일 일은 걱정하지 말라. 오늘 당신에게 무슨 일이 일어날지 누가 알겠는가?

8 걱정은 수프가 없는 것보다 더 참기 쉽다.

9 일어나지 않은 일에 대해 미리 걱정하지 마라.

행복하기를 원한다면 과거에 머무르지 말고, 미래에 대해 걱정하지 말고, 현재에 완전히 집중해야 한다. 하지만 우리는 대부분 자신이 통제할 수 없는 것에 대해 걱정한다. 문제가 고쳐질 수 있고 문제가 해결될 수 있는 것이라면 걱정할 필요가 없다. 걱정은 오늘의 힘으로 내일의 짐을 나르는 것이다.

수용

수용은 어떤 일에 대해 인정하고 자신의 평정을 잃지 않는 것이다. 뒤를 돌아보기보다는 앞을 바라보고, 반응하지 않고 자발적으로 행동하고, 부정적인 의견보다 긍정적인 아이디어를 내놓는 것이다. 또한 있는 것을 그대로 받아들이는 것이다.

1 당신에게 일어나는 일은 모두 최고다. 그러니 모든 것을 받아들여라.

2 만일 술에 취한 사람이 물건을 팔았다면 그 판매 행위는 효력을 가진다. 만일 술에 취한 사람이 물건을 샀다면 그 구매 행위는 효력을 가진다. 그리고 만일 술에 취한 사람이 살인을 범했다 해도 그 행위는 효력을 가지며 벌을 받아야 한다.

3 현명한 사람이라도 자신의 운명을 받아들이지 못하면 정말로 현명하지 못한 것이다.

4 당신 자신에 대한 모든 것을 받아들여라. 당신은 당신이고 시작이자 끝이다. 자신에게 사과하거나 후회할 필요는 없다.

5 비판을 받아들이지 못하는 사람은 위대해질 수 없다.

6 인생은 우리가 만드는 것이 10퍼센트고, 우리가 그것을 어떻게 받아들이느냐가 90퍼센트다.

7 만일 당신이 돈을 가지고 있다면 당신의 의견은 받아들여진다.

8 문제가 생기기 전에 충고를 받아들여라. 문제가 발생한 이후에는 쓸모없다.

인생은 일련의 자연스럽고 자발적인 변화다. 그 변화에 저항하면 단지 슬픔을 만들 뿐이다. 현실을 받아들이고 어떤 방식으로든 자연스럽게 앞으로 나아가라. 이해는 받아들이기 위한 첫 번째 단계이며, 이전에 발견하지 못했던 것을 받아들이는 것이 성숙함으로 가는 길이다. 당신은 절대 혼자가 아니다. 다른 누군가를 흉내 내지 않아도 되고 자신 스스로가 되어야 한다. 두려워하지 마라.

정신

정보를 모으고 추리하고 결론을 내리게 해 주는 두뇌의 작용을 정신이라 부른다. 그 사람의 정신을 움직이는 힘은 그의 내부에서 일부는 유전에 의해 형성되기도 하지만, 대부분은 그가 가르침 받고 경험하는 것들에 의해 형성된다.

1 건강한 육체에 건강한 정신이 깃든다.

2 술은 정신과 육체를 결합시킨다.

3 정신의 게으름은 육체의 게으름보다 더 크다.

4 육체적 질병보다 정신적 질병이 더 나쁘다.

5 어떤 의사도 편견을 치료할 수 없는데, 그것은 마음속의 질병이기 때문이다.

6 선택의 여지가 없을 때는 용기의 정신을 발휘하라.

7 영혼과 정신의 승리를 얻는다면 이따금 질 수도 있지만, 결국 당신이 이긴다.

8 대안이 없다는 것은 정신을 아주 맑게 해 준다.

마음은 당신의 사고방식과 태도에 달려 있다. 다른 사람들에게 당신의 생각과 마음을 통제할 힘을 주지 마라. 스스로 자신의 삶을 통제하지 않으면 다른 사람이 통제를 시도하게 된다. 그 누구도 그들의 더러운 발로 내 마음과 정신을 밟고 다니지 못하게 해야 한다. 정신은 인간에게 있어서 가장 소중한 부분이며, 육체의 건강만큼 소중하다. 자신의 정신을 잘 통제하는 것이 삶의 질을 결정한다는 것을 잊지 마라.

화

분노를 억제하지 못하는 사람은 자신의 화를 밖으로 드러내어 화의 노예가 되어 버린다. 화는 조급함을 부른다. 그래서 우리는 자신과 싸워야 한다. 만일 우리에게 화를 극복할 의지가 있다면 화는 우리를 정복하지 못할 것이다.

1 당신이 화를 잘 내는 성격이라면 다음의 세 문장을 기억하라. 당신은 피조물이지, 창조주가 아니다. 당신은 살과 피이므로 언젠가 소멸될 것이다. 당신이 자비를 베풀 때만 하나님도 당신에게 자비를 베풀 것이다.

2 자주 화를 내고 인내심이 없는 사람은 가르칠 수 없다.

3 돈을 빌려 준 사람에게는 화를 참아야만 한다.

4 지옥의 모든 악마들은 분노한 사람을 지배한다.

5 끓는 주전자가 뜨거운 물을 옆으로 흘린다.

6 개는 주인이 언제 화를 내는지 정확히 안다.

7 화난 사람을 달래려고 하지 마라.

8 모든 사람들에게 미움을 받는 사람에게도 화가 있고, 모든 사람들에게 사랑 받는 사람에게도 화가 있다.

9 노하기를 더디 하는 사람은 이해심이 많지만 마음이 조급한 사람은 어리석음을 나타낸다.

누구나 화를 내는 것은 매우 쉽다. 그러나 화난 사람들은 그다지 현명하지 않다. 화를 낸다는 것은 마비된 감정이기 때문이다. 아무것도 할 수 없는 상태라고 할 수 있다. 사람들은 종종 분노에 대해 흥미롭고 열정적이며 발화된 느낌이라고 말하기도 한다. 하지만 그것은 아무것도 아니다. 그저 무력한 것이며, 통제력이 결여된 것이다. 분노는 다른 사람들의 마음을 변화시키지 않는다. 그것은 오히려 당신의 삶을 바꿀 뿐이다.

용기

용기와 두려움은 항상 공존한다. 용기를 내려고 하면 두렵기 마련이다. 고통 그 자체는 용기가 아니지만, 두려워하는 것을 고통스럽게 겪어 내기로 선택했다면 그것은 용기다. 용기는 두려움이 없는 것이 아니라 두려운 데에도 불구하고 행동할 수 있는 능력이다.

1 아무것도 손 쓸 방법이 없을 때 딱 한 가지 방법이 있다. 그것은 용기를 내는 것이다.

2 영웅이 되는 첫걸음은 용기를 갖는 일이다.

3 용기는 특별한 종류의 지식이다. 두려워할 것을 두려워하는 방법과 두려워하지 말아야 할 것을 두려워하지 않는 방법에 대한 지식이다.

4 중립은 피해자가 아닌 억압자를 돕는다. 침묵은 고통 받는 자를 격려하지 않는다.

5 인간이 고통과 굴욕을 견딜 때 언제 어디서나 침묵하지 말아야 한다. 우리는 항상 편을 들어야 한다.

6 행복은 당신에게 용기를 줄 것이다.

7 실패를 극도로 두려워하는 것은 실패하는 것보다 더 나쁘다.

8 돈을 잃었다고 해서 그렇게 끔찍하지는 않다. 하지만 용기를 잃어 버리면 모든 것을 잃게 된다.

용기는 모든 미덕 중에서 가장 중요하다. 왜냐하면 용기가 없다면 다른 미덕을 일관되게 실천할 수 없기 때문이다. 용기는 두려움에 대한 저항이다. 그래서 용감한 사람은 두려워하지 않는 사람이 아니라 그 두려움을 정복하는 사람이다. 바꿔 말하면 용기는 두려움의 부재가 아니라 그것을 극복하는 것이다. 또한 진정으로 강한 사람은 자신이 폭풍 속을 가고 있어도 다른 사람을 도울 용기를 내는 사람이다.

감사

내가 받은 축복을 세어 보는 것도 감사이고 역경 속에서 긍정적인 면을 발견하는 것도 감사다. 감사의 기본은 어떤 일을 당연한 것으로 받아들이지 않는 데 있다. 행복은 내가 원하는 모든 것을 갖기 위해 노력하는 것이 아니라 내게 이미 주어져 있는 것들을 소중히 여기고 감사하는 것이다.

1 만일 한쪽 다리가 부러졌다면 두 다리 모두 부러지지 않은 것을 하나님께 감사하라. 만일 두 다리 모두 부러졌다면 목이 부러지지 않은 것을 하나님께 감사하라. 만일 목이 부러졌다면 그 후엔 걱정할 일이 없다.

2 사람들을 책망하는 사람은 사람들에게 아첨하는 사람보다 결국 더 많은 감사를 받게 될 것이다.

3 사람이 사람의 은혜를 모르면 하나님의 은혜는 생각조차 못하게 된다.

4 현자는 부의 가치를 알지만 부자는 지혜의 기쁨을 모른다. 그러므로 현자가 더 훌륭하다.

5 술은 주인의 것이지만, 감사는 웨이터가 받는다.

6 만약 당신이 매사에 좋은 것을 찾는 데 집중한다면 당신의 삶은 영혼을 살찌우는 감사함으로 가득 차게 될 것이다.

7 신이 우리에게 해 준 좋은 일에 대해 감사한다면 나쁜 일을 두고 슬퍼할 시간이 없다.

자신에게 주어진 모든 좋은 일에 감사하고 지속적으로 감사하는 습관을 길러라. 물론 감사의 말은 반드시 모든 것이 좋은 것임을 의미하지는 않는다. 상대방이 단지 인사치레로 받아들일 수 있다는 것을 의미한다. 반대로 다른 사람에 대해서도 때로는 가장 간단한 감사가 누군가의 하루를 바꿀 수 있음을 알라. 시간을 내어 주변 사람들에게 그들과 그들의 수고의 가치를 인정하고 삶에 변화를 주는 사람들을 높이 평가하라. 긍정적인 사고와 감사하는 마음으로 시작하라.

모욕

다른 사람을 경멸, 비하하고 조롱하고 무시하는 행위를 총칭하여 모멸이라 한다. 그 가운데 경멸의 의도가 얇고 적대적 의도가 강한 경우에는 모욕이라고 한다. 모욕은 사실을 말하기보다 경멸의 감정을 표출하여 명예감정을 훼손하는 것이다.

1 모욕감을 주는 자는 해를 부른다.

2 맞은 아픔은 언젠가 없어지지만 모욕당한 말은 영원히 남는다.

3 자신을 불신하는 사람은 자기 가족을 불신하는 것이다.

4 위대한 사람은 결코 쉽게 모욕당하지 않는다.

5 모욕을 참는 자는 상해를 자청하게 된다.

6 가난한 자를 조롱하는 사람은 그를 지으신 신을 멸시하는 자요, 다른 사람의 재앙을 기뻐하는 자는 형벌을 면치 못할 것이다.

7 선배를 모욕하는 것은 후배를 모욕하는 것과 다르다.

8 모욕으로부터 도망치되, 명예를 좇지 말라.

Jewish Think

평화를 유지하기 원한다면 언제나 전쟁할 준비가 되어 있어야 하듯 모욕을 피하고자 한다면 그것을 격퇴할 수 있어야 한다. 그러나 당신을 모욕하는 자들이 있다면 그들과 엮이지 않도록 하여 당신의 삶을 소문의 송곳니로부터 보호하라. 누군가에 대해 험담하는 말을 맞장구치는 사람은 누군가 당신에 대해 험담할 때에도 맞장구를 칠 것이다. 기억하라. 어떤 모욕의 말도 마음에 새기지 마라.

눈물

사람은 감정을 표출하는 용도로 눈물을 영리하게 이용할 줄 아는 존재다. 사람이 감정적인 눈물을 잘 흘리게 된 것은 그렇게 마음의 짐을 털어버림으로써 정신을 건강하게 유지할 수 있었고, 이는 사람이라는 종이 생존하는 데 더 유리했기 때문일 것이다.

1 비누가 몸을 위한 무엇이듯 눈물은 영혼을 위한 무엇이다.

2 천국의 문은 기도에 대해 닫혀 있어도 눈물에 대해서는 항상 열려 있다.

3 눈물을 흘리며 씨를 뿌리는 사람은 기쁨으로 거둘 것이다.

4 눈물은 문을 열게 만들고, 노래는 벽을 무너뜨린다.

5 눈물로 빚을 갚을 순 없다.

6 상속자의 눈물은 가면을 쓰고 웃는 것이다.

7 나중에 눈물을 흘리는 것보다 처음에 조심하는 것이 낫다.

8 잉크는 빨리 마르고, 눈물은 마르지 않는다.

9 친구는 눈물을 닦아 주는 사람이 아니다. 친구는 당신이 울지 않게 하는 사람이다.

누군가 울고 있을 때 당연히 해야 할 고귀한 일은 그들을 위로하는 것이다. 그러나 누군가 눈물을 숨기려고 하면 눈치채지 못한 척하는 것도 고귀한 일이다. 다만 그들의 눈물을 멈추라고 말하는 것은 중대한 잘못이다. 우리는 우는 사람의 눈물을 그치게 하려는 조급증이 있다. 물론 울고 있는 사람들을 편안하게 해 주고, 긴장을 풀어 주어 더 이상 울지 않게 할 수도 있다. 그러나 눈물은 말이 표현할 수 없는 마음의 표현을 말하는 것이다.

분노

분노는 자신의 권리가 침해를 받아 물질적으로나 정신적으로 피해를 입었기 때문에 일어나는 반응이다. 어린아이가 장난감을 빼앗기게 되면 분노를 울면서 표현하듯 성인들도 마찬가지로 자신의 고유한 권리를 빼앗기게 될 때 마음속으로부터 분노를 느끼게 된다.

1 남자를 늙게 하는 네 가지가 있다. 불안, 악처, 아이들 그리고 분노다.

2 화와 분노는 파멸의 천사다.

3 불타고 있는 장작에 물을 뿌리면 속까지 차갑게 되지만, 중상모략으로 인해 분노하는 사람에게는 사죄를 해도 마음속의 불을 끌 수 없다.

4 분노는 마음의 가시와 같다.

5 질투와 분노는 수명을 단축시킬 것이다.

6 화와 분노는 사람을 짐승으로 만든다.

7 분노를 터트리는 사람은 자신의 집을 파괴한다.

8 가정에서의 분노는 과일 속의 썩은 맛과 같다.

9 화와 분노는 파멸의 천사다.

Jewish Think

감정의 폭발은 곧 이성의 결함을 보여 준다. 어리석은 사람이 분노하고 있을 때 냉정을 잃지 않는 사람은 성숙한 사람이라고 할 수 있다. 대부분 미워하는 사람이 화를 내면 우리는 그것 때문에 마음의 고통을 겪는다. 그러나 제일 큰 고통은 마음속 분노와 미움으로 인한 고통이다. 화를 내면 주위 사람들은 많은 상처를 입지만, 그것보다 더 큰 상처를 입는 사람은 바로 화를 내는 당사자다.

후회

후회는 '과거로 다시 돌아간다면 오늘날 깨달은 것을 선택하며 살 텐데'라는 안타까움이다. 그런 의미에서 후회란 과거와 비슷한 상황을 앞으로 마주하게 된다면 그때는 참 행복을 위해 좋은 선택을 할 수 있게 되었다는 뜻이다.

1 사람들은 저지르고 난 뒤에 후회하는 것보다 하고 싶었던 것을 못한 것에 대해 더 후회한다.

2 너무 지나치게 후회해서는 안 된다. 옳은 일을 할 용기가 해를 입기 때문이다.

3 이미 저지른 일은 돌이킬 수 없다.

4 심사숙고는 안전을 보장하지만, 경솔함의 뒤에는 후회가 따른다.

5 내 인생에서 한 가지 후회는 내가 남이 아니라는 것이다.

6 결혼식이 끝난 후 후회하기에는 너무 늦다.

7 후회를 독점하는 사람은 아무도 없다.

8 젊음은 실수, 중년은 싸움, 노년은 후회다.

9 부자로 병들고 후회하는 것보다 가난뱅이로 술 취하지 않고 건강한 것이 낫다.

10 절반의 후회는 그 목적의 절반도 달성하지 못한다.

Jewish Think

절대 과거를 후회하지 마라. 오늘의 어떤 실수와 어리석은 일도 가능한 빨리 잊어버려라. 인생은 오늘의 내 안에 있고, 내일은 스스로 만드는 새로운 하루다. 그 일이 좋은 일이라면 그것은 멋진 것이고, 나쁜 일이라면 경험이 된다. 과거를 더 이상 담지 말고, 사랑의 빛과 우리에게 주어진 모든 것들의 빛 안에서 살아가라. 그리고 모든 일은 하지 않아서 후회하기보다 하고 나서 후회하는 편이 낫다.

싫음

대개 두려움, 분노 또는 상처에서 비롯되는 깊고 극단적인 정서적 혐오가 증오다. 반감이 매우 강한 상태로서 사람에 대한 증오는 극단적인 예로 인종 집단에 대한 증오가 인종차별주의로 역사 속에서 나타나기도 했다.

1 산에 가면 사자가 있고, 길거리에는 세리*가 있다.

2 사람을 싫어한다는 건 가려운 데를 긁는 것과 같다. 가려운 데는 긁으면 긁을수록 더 가려워지고, 싫은 사람의 일은 생각하면 생각할수록 더 싫어진다.

3 늑대는 개를 무서워하지 않지만, 짖는 것을 싫어한다.

4 당신이 싫어하는 것은 결코 다른 사람에게도 하지 말라.

5 사람들은 그들이 이해하지 못하는 것을 싫어한다.

6 근거 없는 증오는 심각한 질병이다.

* 세리(稅吏) 세금 징수의 일을 맡아 보는 관리. 로마 제국 하에서 로마가 고용한 현지 세리들의 극심한 이중 수탈로 유대인들의 원성이 높았다.

7 사람은 사랑하기 위해 태어났다. 그것을 싫어한다면 그는 헛되이 태어난 것이다.

8 사람의 말을 들어 보면 그가 당신을 좋아하는지 싫어하는지 알 수 있다.

9 싫어하는 것을 성공하는 것보다 사랑하는 것을 실패하는 것이 더 낫다.

10 질책을 싫어하는 사람은 어리석은 사람이다.

Jewish Think

분노는 흐르는 물과 같아서 당신이 그것을 흘러가게 하는 한 아무런 문제가 없다. 그러나 증오는 고인 물과 같아서 당신이 느낄 수 있는 자유, 흐를 수 있는 자유를 거부한다. 정체된 물은 더럽고, 악취가 나고, 질병에 오염될 뿐 아니라 독성이 있어 치명적이다. 흐르는 물에 용서라는 종이배가 떠내려가듯이 당신의 감정이 물처럼 흐르게 하고 용서의 종이배가 떠내려가게 하라. 그래야 사람이다.

진심

우리가 다른 사람들에게 늘 내뱉는 말이 진실 위에 놓인 진심이라면 굳이 표현할 이유가 없다. 우리는 진심에 대한 정의와 기준도 없으면서 곧잘 내뱉곤 한다. 진심이라는 단어를 표하는 순간 그것은 호소가 되어 버린다.

1 마음에서 나온 말은 마음으로 들어간다.

2 진심으로 기도하면 천국의 모든 문이 열린다.

3 진심이 담기지 않은 말은 귀에 들어가지 않는다.

4 진정으로 신을 사랑하기 위해서는 먼저 인간을 사랑해야 한다. 신을 사랑하지만, 동료를 사랑하지 않는다고 말하는 사람은 거짓말을 하는 것이다.

5 기도는 마음에 봉사하는 것이다.

6 말은 마음의 전달자다.

7 입술로 내뱉은 말의 가치는 마음의 헌신에 의해 결정된다.

8 사람은 마음속에 품고 있는 말만 한다.

9 입으로 말하지 말고 가슴으로 말하라.

진실은 거짓이 없는 마음이다. 진실한 말에는 꾸밈이 없고, 이런 진심은 언제나 통한다. 그러나 진심이 통한다는 게 쉽지 않을 때가 있다. 그럴 때에는 시간에 기댈 수밖에 없다. 때로는 시간이 지나야 보이는 진심이 있기 때문이다. 결국 관계 문제의 해결책은 마음으로 다가가서 진심으로 대하는 것이다. 가슴속에 진심을 품고 사람들을 만나라. 세상이 아무리 바뀌고 험해져도 진심은 어디서든 통하는 법이다.

마음

무엇을 하고 싶을 때 '마음에 있다' 하고, 하고 싶지 않으면 '마음에 없다'라고 한다. 마음에 걸리면 걱정이 늘어나고, 마음이 내키면 의욕이 늘어난다. 마음은 비우고 살아야 마음을 다치지 않게 된다. 마음은 눈에 보이지 않으므로 정의를 내리기가 마음대로 되지 않는다.

1 몸의 모든 부분은 마음에 의존하고 있다.

2 사람의 마음을 안정시키는 세 가지가 있다. 명곡, 조용한 풍경, 깨끗한 향기가 그것이다.

3 최고의 설교자는 사람의 마음이고, 최고의 스승은 시간이며, 최고의 도서는 세상이고, 최고의 친구는 하나님이다.

4 마음을 밭갈이하는 것은 두뇌를 밭갈이하는 것보다도 훨씬 더 값지다.

5 눈이 보고 심장이 욕망을 품으며, 몸이 죄를 짓는다.

6 마음에 붙이는 약은 없다.

7 마음이 깨끗한 사람은 언제든지 명상할 때마다 새로운 생각을 찾는다.

8 유쾌한 마음이 명랑한 표정을 짓게 한다.

9 그의 친구의 마음속에 무엇이 있는지 아무도 모른다.

10 가장 위대한 도둑은 사람들의 마음을 훔치는 자다.

11 계속된 희망은 마음을 아프게 한다.

당신이 올라야 할 가장 큰 벽은 당신의 마음속에 쌓아 놓은 벽이다. 당신의 마음이 꿈을 포기하도록 속이지 못하게 해야 한다. 결코 당신의 마음이 성공의 가장 큰 장애물이 되게 하지 마라. 당신의 마음을 올바른 방향으로 이끌어 간다면 나머지는 뒤따라 올 것이다. 두려움에 사로잡히지 말고, 문제는 마음의 환상임을 기억하라. 모든 것이 마음속에 있고, 사람의 마음은 무엇이든 할 수 있다.

회개

회개에 있어서 생명과 같은 본질적인 요소가 있는데, 그것은 바로 태도의 변화다. 잘못으로부터 방향을 전환하여 돌이키는 것, 이 행위가 바로 회개의 한 부분이다. 만약 미안한 마음만 있고 돌이킴이 없다면 그것은 단순한 후회일 뿐이다.

1 회개하는 자가 서 있는 땅은 가장 위대한 성자가 서 있는 땅보다 거룩하다.

2 최고의 변호사는 회개와 선행이다.

3 이 세상에서 한 시간의 회개와 선행이 저 세상에서의 일생보다 낫다.

4 랍비 엘리에셀은 말했다. 죽기 하루 전에 회개하라!

5 지혜의 목표는 회개와 선한 행동이다.

6 죄인의 회개는 병자에게 약과 같다.

7 기도의 문은 때때로 닫혀 있지만, 회개의 문은 영원히 열려 있다.

8 회개의 길은 죄의 길만큼 숨겨져 있다.

9 회개하고 다시 죄를 반복한다면 그것은 회개가 아니다.

Jewish Think

잠자리에 들기 전 하루를 반성해 보라. 그것이 신의 뜻에 합당한 것이었는지 아니었는지, 양심과 성실이라는 점에서 기뻐할 만한 일이었는지, 불안과 회한처럼 무기력한 것은 아니었는지 생각해 보라. 사랑하는 사람의 이름을 부르라. 증오와 부정을 고요히 인정하라. 모든 악한 것의 중심에서 부끄러워하라. 어떤 그림자도 침상에까지 가져가는 일이 없도록 하라. 모든 근심을 마음에서 제거해 버리고 영혼을 편안하게 하라.

용서

용서한다는 것은 큰 희생을 치르는 것이며, 남이 저지른 잘못 때문에 생긴 자신의 분노를 감내하는 것이다. 자신의 분노를 감내하고 사랑 안에서 해결함으로써 죄 지은 자를 면제하고 상처 준 자를 자유하게 해 주는 것이다.

1 당신이 어떤 사람에게 복수한다면 후에 좋은 기분이 일어나지 않을 것이다. 그러나 당신이 어떤 사람을 용서한다면 후에 좋은 기분이 생길 것이다.

2 훌륭한 예의범절이란 어떤 것인가? 다른 사람의 나쁜 예의범절을 용서하는 것이다.

3 친구에게 용서를 구할 때 세 번 이상 부탁해서는 안 된다.

4 죄를 용서해 줄 수 있는 사람은 곧 사랑을 구하는 사람이다.

5 여자의 아름다움을 그녀의 면전에서 칭찬한다면 당신의 모든 죄를 용서해 줄 것이다.

6 서로 자신에게 잘못이 있다고 인정하지 않는 한 화해는 이루어질 수 없다.

7 용서를 구하는 사람을 용서하지 않는 것은 잔인하다.

8 죄가 없다면 용서할 수도 없다.

9 하나님이 용서하지 않는 네 가지 죄가 있다. 첫째, 같은 일을 몇 번이고 회개하는 것이다. 둘째, 같은 죄를 되풀이하는 것이다. 셋째, 다시 한 번 되풀이할 생각으로 죄를 범하는 것이다. 넷째, 하나님의 이름을 모독하는 것이다.

10 죄를 짓고 부끄러워하는 사람은 모든 죄를 용서 받을 수 있다.

당신에게 상처를 준 사람을 당신의 마음에서 놓아 주라. 그 상처를 더 이상 붙들지 마라. 그러면 상처 준 사람을 어떻게 놓아 줄 수 있는가? 용서하는 것, 그것만이 그들을 놓아 주는 유일한 방법이다. 그들이 용서를 구할 때까지 기다리지 마라. 왜냐하면 그것은 당신 자신을 위한 것이기 때문이다. 용서는 용서 받는 사람이 아니라 용서한 사람을 자유롭게 해 준다. 내 안의 화가 녹아내리고 상처와 모욕이 씻긴다. 용서의 최대 수혜자는 바로 당신 자신이다.

자기

진정한 자기 자신이 된다는 것은 자연스럽고 마음에서 우러나게 행동하는 것이다. 자신의 진정한 본질을 삶 속에 반영할 수 없다면 우리는 그저 남들에게 보여 주는 가면만 쓰고 사는 것이다. 행복은 당신이 진정한 자신을 찾지 못하면 누릴 수 없다.

1 음식은 당신이 원하는 것으로 먹어라. 하지만 옷은 유행에 맞춰 입어라.

2 누구나 거울 속에서 자기가 가장 좋아하는 사람을 본다.

3 사람은 자기 피부병을 더럽다고 생각하지 않지만 남의 피부병은 더럽다고 여긴다.

4 세상에는 두 종류의 왕이 있다. 땅을 지배하는 왕과 자기 자신을 지배하는 왕이다.

5 자아를 부인하는 사람에게만 진리의 가르침이 보인다.

6 만약 내가 나 자신을 위한 존재가 아니라면 누가 될 것인가?

7 사람의 행위가 자기 보기에는 모두 깨끗하다.

8 먼저 자신을 고치고 나서 다른 사람들을 고쳐라.

9 이기적인 사람들은 자기 자신을 사랑할 능력조차 없다.

자기에 대해 좋게도 나쁘게도 말하지 마라. 좋게 말해도 사람들이 믿지 않을 것이며, 나쁘게 말하면 당신의 말 이상으로 나쁘게 생각할 것이다. 가장 좋은 것은 자기에 대해 아무 말도 하지 않는 것이다. 공손하다고 스스로 말하는 자는 결코 공손하지 못하고, 스스로 아무것도 모른다고 말하는 자는 모든 것을 알고 있으며, 그저 아무 말도 않고 있는 자가 제일 현명하고 훌륭한 사람이다.

외로움

외로움은 단순히 혼자 있는 것과 다르다. 외로움은 혼자 있을 때 누군가와 함께 있고 싶어 하는 마음이자 혼자 있는 고통이다. 외로움을 피하기 위해 친구를 찾아갈 수도 있으나 때로 즐기는 법을 깨닫게 된다면 그는 바로 고독을 즐길 줄 아는 여유로운 사람이다.

1 자신을 사랑하는 사람보다 더 외로운 사람은 없다.

2 사람은 자신을 발견할 때까지 외로워한다.

3 나쁜 친구와 외로움 사이에 후자가 더 낫다.

4 두려움, 외로움, 불행함을 느끼는 사람을 위한 가장 좋은 치료법은 밖으로 나가는 것이다. 그들이 조용한 곳에서 하늘과 자연과 신과 함께 혼자 있는 것이 좋다. 왜냐하면 그때서야 비로소 모든 것이 정상적인 것처럼 느껴지기 때문이다.

5 외로움이 정신을 파괴한다.

6 심지어 천국에서도 혼자 있는 것은 좋지 않다.

7 인생은 고뇌와 고독과 고통으로 가득차 있고, 너무 빨리 끝나 버린다.

8 아무도 혼자서 자신의 등 뒤에 있는 혹을 보지 못한다.

9 넘어지는 것은 혼자서 할 수 있지만 일어나려면 다정한 손길이 필요하다.

어느 누구도 당신의 공허감을 채워 줄 수 없다. 결국 당신 자신의 공허감과 조우해야 하고, 그걸 안고 살아가면서 받아들여야 한다. 그러나 고독은 절망이 아니라 기회이며, 평안과 만족을 얻으려면 그것이 필요하다. 고독은 당신의 영혼의 갈증을 해소시킬 뿐 아니라 당신의 모든 경험으로부터 진실로 가치 있는 것을 선택할 수 있는 실험실이기도 하다. 고독은 당신에게 생기는 불미스러운 사건들 때문에 인생의 기초까지 동요될 때 자신을 안정시키는 안식처다.

만족

만족은 마음이 우리 주위의 환경에 의해 지배되지 않는 데에서 생긴다. 그래서 자기에게 주어진 작은 것에 만족하지 못하는 사람은 큰 것에도 만족할 수 없다. 우리가 꼭 알아야 할 것은 성공해서 만족하는 것이 아니라 만족하고 있기 때문에 성공하는 것이다.

1 노예도 현상에 만족하고 있으면 자유로운 사람이고, 자유로운 사람도 현상에 만족하지 못하면 노예가 된다.

2 풍족한 사람이란 자기가 갖고 있는 것으로 만족할 수 있는 사람이다.

3 눈은 흔들리는 것에 만족하지 못하고, 귀는 듣는 것에 만족하지 못한다.

4 돈을 사랑하는 사람은 얼마나 많은 돈을 가지고 있든지 결코 만족하지 못할 것이다.

5 모든 사람이 자신의 외모에 만족하는 것은 아니지만, 모든 사람은 자신의 두뇌에 만족한다.

6 적든 많든 주어진 것에 대해 만족하라.

7 여자, 땅, 배는 만족할 줄 모른다.

8 사람은 만족을 얻을 수 있는 장소에 대해 감사해야 한다.

9 당신이 만족을 찾는 곳마다 악마가 화를 낸다.

10 게으름은 매력적으로 보이지만 일은 만족을 준다.

행복이란 스스로 만족하는 것에 있다. 남보다 나은 점에서 행복을 구한다면 영원히 행복하지 못할 것이다. 왜냐하면 누구든지 남보다 한두 가지 나은 점은 있지만, 열 가지 전부가 다 남보다 뛰어날 순 없기 때문이다. 그렇기 때문에 행복이란 남과 비교해서 찾을 것이 아니라 스스로 만족할 수 있느냐 하는 것이 중요하다.

생각

생각이란 사람이 머리를 써서 사물을 헤아리고 판단하는 작용이다. 인간의 모든 것은 생각으로부터 비롯된다. 그래서 생각하기를 멈춘다면 그 순간 존재하는 것, 즉 현존하는 것도 멈추게 된다. 다시 말해 생각하기를 멈추면 나의 존재도 멈추게 된다.

1 생각 없이 글을 쓰려는 것은 은행 잔고가 없는데 수표를 발행하는 것과 같다.

2 자신의 생각에 대해서는 낙원을 누릴 자격이 있고, 자신의 행위에 대해서는 지옥을 누릴 자격이 있는 사람들이 있다.

3 가장 나쁜 사람은 말이 자신의 생각보다 뛰어난 사람이다.

4 사람의 마음속으로 생각하면 그렇게 된다.

5 신에게 말하고 여자를 생각하는 것보다 여자에게 말하고 신에 대해 생각하는 것이 더 낫다.

6 나는 모두가 생각하고 있는 것을 말함으로써 성공했다.

7 생각을 멈추는 것은 삶을 멈추는 것이다.

8 바보의 가장 어리석은 짓은 자신이 똑똑하다고 생각하는 것이다.

9 생각은 몹시 힘든 기술이다. 그것을 연습하는 사람은 거의 없고, 연습할 수 있는 시간도 없다.

10 생각의 바다로 들어가 보면 더 값진 진주를 찾을 수 있을 것이다.

11 생각 없는 말은 근육 없는 발과 같다.

사람들이 꿈을 이루지 못하는 한 가지 이유는 그들이 생각을 바꾸지 않고 결과를 바꾸고 싶어 하기 때문이다. 모든 사람들이 세상을 바꾸겠다고 생각하지만 어느 누구도 자기 자신을 바꿀 생각은 하지 않는다. 우리가 생각을 제대로 변화시킬 때만 다른 것들이 제대로 나타나기 시작한다. 부정적인 기대는 생각을 막다른 골목으로 이끄는 지름길이다. 목표를 설정하는 것에서 너무 감동받지 마라. 목표를 실현하는 것에서 감동을 받아야 한다.

3장

관계에 대하여

유대인들은 보금자리였던 이스라엘에서 쫓겨나 전 세계를 유리하면서 각 나라로부터 배척과 박해를 받았다. 그 가운데 자신의 민족과 형제자매들이 소중하다는 것을 경험으로 깨달았다. 그래서 유대인들은 서로 포용하고 화합해야만 발전할 수 있다는 진리를 굳게 믿고 있다. 외부적인 박해와 배척이 그들로 하여금 내부 단결을 강력하게 만든 것이다. 가족에 대한 사랑, 오랜 친구의 가치, 이웃의 소중함 등 사람에 투자하고 사람을 보듬는 일이 생존에 대한 문제만큼 중요하다는 것을 늘 인지하고 있는 것이다.

아내

아내wife라는 말은 '짜다weave'에서 파생되었다. 의도를 가지고 디자인을 넣어 아름답게 가정을 짜는 사람이 아내인 것이다. 모든 실들이 서로 칭찬할 수 있도록, 서로 의지할 수 있도록 짜는 사람의 의지를 드러내 보여야 한다.

1 어진 아내는 늙을수록 좋다.

2 세상 무엇과도 바꿀 수 없는 것이 있다면 그것은 젊을 때 결혼하여 살아온 늙은 아내다.

3 세상에서 가장 행복한 남자는 좋은 아내를 얻은 사람이다.

4 젊은 아내를 얻으면 늙은이는 젊음을 되찾고 아내는 늙는다.

5 아내는 남편에 대해 신혼 시절에는 연인처럼, 다음엔 비서처럼, 그 다음에는 간호사처럼 행동한다.

6 아내를 고를 때는 계단을 한 걸음 내려가고, 벗을 고를 때는 계단을 한 걸음 올라가라.

7 하나님은 아내의 눈물을 세신다.

8 남편은 아내가 문 밖에 있을 때에만 가정의 주인이다.

9 열 개의 나라를 아는 것이 자기 아내를 알기보다 쉽다.

10 품위 있는 아내는 남편도 품위 있게 만든다.

11 남자의 집은 아내다.

Jewish Think

그분은 우리 가족을 위한 최고의 경영자다. 남편의 비서이면서 자녀들의 매니저이고 딸의 상담사이면서 노부모님들의 하녀가 되기도 한다. 가정을 관리하는 모든 일을 하면서도 빈틈없이 해내는 그분은 전문 지식을 배운 적이 없다. 살기 위해서, 그리고 가정을 꾸리기 위해서 닥치는 대로 해낸 만능인이었다. 그래서 그분은 우리 집의 주인이다. 그분이 있기 때문에 오늘도 우리 집은 원활하게 운영되고 있다.

노인

앞만 보고 달려온 우리들은 감지하지 못할 만큼이지만 서서히 '늙음'으로 향하고 있다. 하지만 노년기는 끝이 아니다. 개인의 잠재 능력을 발휘할 수 있는 때이기에 새로운 지식을 습득하기 위해 끊임없이 노력이 필요한 시기이기도 하다.

1 오랜 경험은 노인들의 영예다.

2 팔은 젊은이의 팔이요, 머리는 노인의 머리다.

3 말이나 소가 어릴 때에는 밭을 갈고 사람을 태우고 수레 끄는 일을 가르쳐야 한다. 허나 늙은 소나 말에게는 가르칠 수 없다. 사람도 마찬가지다.

4 아이들을 가르친다는 것은 백지에 무엇을 그리는 것과 같다. 노인에게 가르친다는 것은 이미 많이 쓰인 종이에 여백을 찾아서 써넣으려고 하는 것과 같다.

5 노년기가 무지한 자에게는 겨울이지만, 현자에게는 수확기다.

6 젊은이들은 살아야만 하고, 늙은이들은 더 살고 싶어 한다.

7 노인을 존중하지 않는 젊은이에게는 행복한 노후가 기다려 주지 않는다.

8 한 나라의 번영은 노인들을 대하는 방법을 보면 알 수 있다.

9 당신들보다 훨씬 이전에 노인들도 저항을 했다.

Jewish Think

지금까지 지나온 많은 세월을 부정할 순 없다. 애써서 흰머리와 얼굴의 주름을 막아 보지만 미봉책일 뿐이다. 인정하기 싫어서 저항하고 세상의 속도를 따라가려고 힘써 보지만 우울함을 더할 뿐이다. 흐르는 강물을 막을 수 없다면 따라 흘러가는 편이 편하다. 노년의 영광은 백발임을 받아들이고 나이를 축복으로 여긴다면 노년기의 시간을 더욱 소중히 여기게 될 것이다. 노년을 제대로 살기도 벅찬데, 젊음을 그리워할 시간이 없다.

어머니

대개 어머니가 아버지보다 자녀에 대해 더 깊은 애정을 갖는다. 왜냐하면 어머니는 자식을 낳을 때의 고통을 몸으로 직접 겪었기 때문에 자식이란 절대적으로 자기 것이라는 마음이 아버지보다 더욱 강하다.

1 하나님은 모든 곳에 계실 수 없어서 어머니를 만드셨다.

2 딸에 대한 어머니의 말을 믿어서는 안 된다. 이웃 사람들의 말이 중요하다.

3 가장 따뜻한 침대는 어머니의 침대다.

4 딸은 오직 어머니에게만 비밀을 털어 놓는다.

5 나쁜 어머니나 좋은 죽음 같은 말은 없다.

6 간호사는 어머니와 다르다.

7 모든 어머니는 자신의 아이가 아름답다고 생각한다.

8 한 명의 어머니는 백 명 이상의 선생님을 뛰어넘는다.

9 어머니는 자녀가 말하지 않는 것도 다 알고 있다.

Jewish Think

세상 모든 자녀들에게 돌아갈 곳, 마음의 고향은 어머니다. 어머니의 품은 언제나 거절하는 법이 없고, 한없이 내 편이다. 어머니는 나를 가장 오랫동안 사랑해 주신 분이다. 자녀의 생각과 마음은 그를 떠나 있을지라도 어머니의 마음과 생각은 늘 자녀가 있는 그곳에 있었다. 신처럼. 그래서 어머니는 자녀가 말하지 않은 필요를 다 알고 있고, 자녀의 생각과 마음을 모두 받아 준다.

신

우리의 인생에 잘못된 결과가 오더라도 그것은 신이 결정한 것이고, 신의 결정은 항상 옳은 것이다. 다만 신 앞에서 우리가 해야 할 일은 하나다. 그것은 신의 뜻을 최대한 맞춰 나가는 것이다. 많은 시련도 다 의미가 있고, 신은 실수를 만들지 않기 때문이다.

1 지옥이란 신으로부터 떨어진 거리고, 천국이란 신에게까지 남은 거리다.

2 신은 명사보다 부사를 더 좋아한다.

3 사람은 기적 때문이 아니라 믿음으로 신을 믿어야 한다.

4 당신이 자고 있을 때 신은 머리를 쥐어짜고 있었다.

5 우리가 가장 필요로 할 때 신은 가장 가까이에 있다.

6 신은 오래 기다려 주지만, 반드시 이자를 요구하신다.

7 만약 신이 이 땅에 계셨다면 사람들은 그의 집 창문을 깨뜨렸을 것이다.

8 하나님은 마음이 상한 자를 가까이 하신다.

9 사람은 계획하겠지만 신은 웃을 뿐이다.

Jewish Think

우리가 알아야 할 것은 신과 사람과의 거리는 우주의 끝에서 반대편 끝까지의 거리보다 멀다는 것이다. 조물주는 감히 사람이라는 존재가 다가갈 수 없는 존재다. 그런데 놀랍게도 우리는 신을 우리 곁으로 부르고 있고, 신 또한 우리 가까이 다가와서 우주 끝에서 끝까지의 범위와 비교할 수 없는 티끌처럼 나약한 인간에게 관심을 가진다는 점이다. 게다가 지금도 나의 시시콜콜한 요구사항에 귀를 기울이고 있다.

훈육

훈육은 단순히 아이의 잘못된 행동을 지적하거나, 어른 뜻대로 아이의 의지를 꺾는 것을 뜻하지 않는다. 훈육은 아이가 잘못된 것을 판단하고 옳은 길을 선택할 수 있도록 안내하는 것이다. 자기부정이야말로 오래되고 낡은 도덕이 아니라 값진 인격의 특성이다.

1 사랑을 통한 훈련은 사랑을 낳는다.

2 금과 은은 불 속에서 정련되어야 비로소 빛난다.

3 어린아이를 꾸짖을 때에는 한 번만 따끔하게 꾸짖으라. 두고 두고 꾸짖으면 잔소리가 되어 듣지 않는다.

4 아이를 때려야 한다면 구두끈으로 때려라.

5 부러진 못은 펼 수 없듯 타락한 사람에게 훈계하는 것은 아무 소용이 없다.

6 도덕적인 훈계는 지식이 없는 사람에게는 아무런 도움이 되지 않는다.

7 오른손으로 벌을 주었으면 왼손으로 껴안아 주라.

8 어린 시절에 당신의 아이들을 훈련시켜라. 그러면 노년에 그들에게 훈련을 받지 않을 것이다.

9 아이에게 벌을 주든지 용서하든지 결코 자녀를 위협하지 말라.

탁월한 지식과 재능에 앞서 자녀에게 가르쳐야 할 중요한 가치는 좋은 태도다. 바른 예의범절과 좋은 인성은 자녀의 생애를 배신하지 않는다. 좋은 인성과 예의를 갖춘 사람은 존중을 받고 좋은 친구로 인정받기 때문이다. 그러나 회초리만으로 훈육하는 것은 옳지 않다. 훈육은 사랑에 기초해야 하며, 회초리는 위협의 수단이 되어서도 안 된다. 일관된 태도와 사랑으로 자녀를 훈련한다면 부모의 바람에 어긋나지 않을 것이다.

친구

소셜 미디어에서 '친구'란 말은 어떤 관계라기보다 연락을 이야기할 때 더 자주 쓰인다. 때때로 우리는 친구를 만드는 일에 열중하지만 정말 집중해야 할 일은 친구가 되는 것이다. 그리고 참된 우정은 상대방을 우선시하는 것이다.

1 결점이 없는 친구만 사귀려고 한다면 평생 친구를 가질 수 없다.

2 친구는 나의 미덕을 말해 주고, 적은 나의 잘못을 지적한다.

3 만약 친구가 야채를 갖고 있다면 고기를 주라.

4 친구가 꿀을 가지고 있다고 해서 그 친구마저 핥아 버리면 안 된다.

5 벗이 화내고 있을 때에는 달래려고 하지 말라. 그가 슬퍼하고 있을 때에도 위로하지 말라.

6 아무리 친한 벗이라도 너무 지나치게 가까이하지 말라.

7 애매모호한 친구이기보다는 차라리 명확한 적이 되라.

8 옛 친구를 버리지 말라. 새 친구와는 비교할 수 없다. 새 친구는 새 포도주와 같아서 당신은 기꺼이 마셔 버릴 것이다.

9 너를 칭찬하고 따르는 친구도 있을 것이며, 너를 비난하고 비판하는 친구도 있을 것이다. 너를 비난하는 친구와 가까이 지내고 칭찬하는 친구를 멀리하라.

10 어떤 사람이든 가까이하면 작아진다.

11 세 종류의 친구가 있다. 음식물과 같아서 매일 거를 수 없는 친구, 약과 같아서 가끔 필요한 친구, 그리고 질병과 같아서 피해야 할 친구다.

12 충실한 친구는 강력한 방패다. 그런 친구는 보물과도 같다.

Jewish Think

당신을 정말로 챙겨 주고 함께하기를 원하는 좋은 친구가 있는데, 당신은 그들을 아무것도 아닌 것처럼 대할 경우들이 있다. 우리는 좋은 친구가 되는 방법을 배워야 한다. 좋은 친구는 잃어버린 후에 그의 가치를 알 수 있기 때문이다. 그래서 우정의 2가지 요소-존중과 신뢰-를 지켜야 한다. 존중과 신뢰를 서로 지켜갈 때 인생의 많은 곤경에 처해 있을지라도 친구는 우리를 웃게 만들 것이다.

현자

지식이 많다고 지혜로운 사람이 아니다. 어떤 사람은 많이 배운 지식으로 오히려 오만하게 되어 지혜를 잃기도 한다. 지혜로운 사람은 자신이 미흡하다는 것을 아는 사람이며, 우선 고개를 숙일 줄 아는 사람이다.

1 어떤 사람이 현명한가? 자신의 행위가 장차 어떤 결과를 낳을지 예측하는 사람이다.

2 현명한 사람은 일곱 가지 장점을 지니고 있다. 첫째, 자기보다 현명한 사람 앞에서는 듣고 있는 것. 둘째, 남이 말하고 있을 때에는 방해를 하지 않는 것. 셋째, 대답하기 전에 생각하는 것. 넷째, 화제와 관계된 질문을 하고 조리 있게 대답하는 것. 다섯째, 맨 먼저 해야 할 일을 먼저 하고, 맨 나중에 해야 할 일을 나중에 하는 것. 여섯째, 모르는 것은 모른다고 대답하는 것. 일곱째, 진실을 언제나 존중하는 것이다.

3 어느 현자가 "당신은 어떻게 현자가 되었습니까?"라는 질문을 받았다. 그는 대답했다. "나는 오늘까지 식용 기름보다 등불 기름에 더 많은 돈을 썼기 때문이오."

4 임금은 나라를 지배하나 현자는 임금을 지배한다.

5 어떤 현자라도 제자의 의견을 듣지 않는 자는 새로운 진보를 가져올 수 없다.

6 현자는 자기 눈으로 본 것을 사람들에게 이야기하고, 어리석은 자는 자기의 귀로 들은 것을 이야기한다.

7 현명한 사람은 악을 미덕으로 바꾸지만 어리석은 사람은 미덕을 악으로 바꾼다.

현명한 사람은 빛과 같아서 자신의 미덕을 숨길 수 없을 뿐만 아니라 특히 어둠 속에서 더 밝게 타오른다. 빛은 모두에게 같은 시력을 제공한다. 심지어 적에게조차도 동일하다. 그들은 눈을 뜨고 있는 학자들보다 눈을 감은 채로 더 멀리 보며, 그들의 마음은 용사의 팔보다 더 강하다.

결혼

결혼은 연애의 종착점이 아니라 새로운 관계의 시작이다. 결혼을 하면 진정으로 상대방의 새로운 모습을 발견하게 되어 기회이자 위기가 된다. 그래서 결혼은 함께 아프고 병들고 늙어가도 괜찮을 사람과 해야 한다.

1 미인은 보는 것이지, 결혼할 상대는 아니다.

2 사랑 없는 결혼은 돈이 들어 있지 않은 지갑처럼 차디차다.

3 인생에서 가장 큰 수수께끼 중 하나는 당신의 딸과 결혼하기엔 턱없이 모자라 보이던 젊은이가 어떻게 세상에서 제일 똑똑한 손주의 아버지가 될 수 있었는가 하는 점이다.

4 정열 때문에 결혼하더라도 정열은 결혼만큼 오래가지 못한다.

5 결혼식에서 연주되는 음악은 군악대의 진군가와 같다.

6 결혼이란, 어떤 상표의 맥주를 마시고 맛이 좋다고 감격한 사나이가 그 맥주를 만드는 양조 회사로 일하러 가는 것이나 마찬가지다.

7 결혼을 한다는 것은 당신의 권리를 반감시키고, 의무를 배가시키는 것이다. 결혼을 할 때는 이혼도 생각해야 된다.

8 결혼할 때에는 신부에게 혼인증서를, 어머니에게 이혼증서를 주어야 한다.

9 초혼은 하늘에 의해 맺어지고 재혼은 사람에 의해 맺어진다.

10 걱정 없는 결혼식은 없었다.

11 결혼은 단지 영적 교감뿐만 아니라 쓰레기를 버리는 것까지 기억하는 것이다.

결혼 생활의 대부분은 일시적이다. 행복한 결혼은 항상 너무 짧은 것처럼 보이는 긴 대화임을 기억해야 한다. 행복한 결혼 생활에서 중요한 것은 서로의 마음이 얼마나 잘 맞느냐 하는 것보다 서로의 다른 점을 어떻게 극복해 나가느냐다. 몇십 년을 다른 환경 가운데 살아오면서 성격도 습관도 다른 사람들이 함께 있으면 부딪치는 것은 당연하다. 그것을 어떻게 대화와 배려를 통해 해결해 가느냐가 행복한 결혼을 좌우한다.

부모

먼저 자신이 행복해야 좋은 부모가 될 수 있다. 좋은 부모란 부모가 된 나 스스로를 인정하고 감동하는 것부터 시작해야 한다. 생활 속 작은 감동이 생겨날 때 자녀의 장점이 보이고 자녀가 잘하는 부분에서 진심 어린 칭찬이 나온다.

1 부모의 인생은 자식들이 성장해 집을 떠나고 기르던 개가 죽고 나면 비로소 시작된다.

2 아이들은 부모가 하는 말을 그대로 되풀이한다.

3 한 아버지는 열 아이라도 교육할 수 있으나 열 자녀가 한 아버지도 봉양 못한다.

4 인간이 바꾸려 해도 바꿀 수 없는 것이 하나 있다. 그것은 자기의 부모다.

5 수명, 자식, 부모는 능력이 아니라 운에 달려 있다.

6 만약 당신이 부모를 존경하지 않는다면 당신의 아이들도 부모를 존경하지 않을 것이다.

7 부모가 지참금을 줄 수는 있지만 행운은 주지 못한다.

8 부모는 돈으로 살 수 없다.

9 비뚤어진 부모들도 반듯한 아이들을 낳을 수 있다.

10 통찰과 이해력은 현명한 부모가 될 수 있도록 한다.

Jewish Think

자녀가 효도를 하려고 해도 부모는 기다려 주지 않는다. 부모를 섬기려거든 나의 자녀들이 해 주기를 바라는 대로 행해야 한다. 부모는 자녀의 미래를 돌보는 사람이라는 것을 가슴속 깊이 새겨야 한다. 실제 대부분의 자녀들은 그들이 부모로부터 받은 사랑이 어떤 것인지 모른다. 그들이 부모가 되었을 때에야 비로소 그 사랑이 어떤 것인지 고마움을 절실히 깨달을 수 있다. 부모의 사랑은 늘 자식의 부모 사랑을 능가하는 법이다.

사랑

인간은 불완전한 존재이기에 완전을 지향한다. 사랑이 고프면 불완전이고, 사랑이 부르면 완전이다. 사랑은 삶의 완성을 지향하는 인간의 본능을 기반으로 한다. 그러므로 인간은 언제라도 사랑을 추구한다.

1 부부가 진정으로 서로를 사랑한다면 칼날처럼 좁은 침대에서도 잠잘 수 있다. 하지만 서로 반목하기 시작하면 광장처럼 넓은 침대도 좁아진다.

2 사랑을 하고 있는 사람은 타인의 충고에 귀를 기울이지 않는다.

3 인류를 사랑하는 일은 간단하지만 인간을 사랑하는 일은 어렵다.

4 아무리 사랑이 중요하다고 생각해도 사랑하는 상대가 없으면 의미 없다.

5 다른 사람을 사랑하되 당신이 속이는 첫 번째가 자신이 되지 않게 하라.

6 사랑은 죽음만큼 강하다.

7 사랑은 모든 죄를 덮어 준다.

8 사랑은 결점을 보려는 눈을 가리고, 증오는 미덕을 보려는 눈을 가린다.

9 사랑만이 우리에게 영원함의 참맛을 알려 준다.

10 사람은 사랑하는 만큼만 착하다.

11 오래되고 진실한 사랑은 녹슬지 않는다.

이 세상에서 가장 훌륭하고 아름다운 것은 보거나 들을 수 없지만 마음으로 느껴져야 한다. 그것은 사랑이다. 인간의 가치는 얼마만큼 남에게 사랑을 받느냐는 것보다 얼마만큼 그가 주위 사람들에게 사랑을 베풀고 있느냐에 달려 있다. 지혜가 깊은 사람은 자기에게 무슨 이익이 있음으로 해서 사랑하는 것이 아니다. 사랑한다는 그 자체 속에서 행복을 느낄 수 있기 때문에 사랑하는 것이다.

사람

사람은 끊임없이 자신의 존재에 대한 물음을 던진다. 한문으로 '사람 인人'은 서로 의지하며 살아가야 하는 존재임을 나타낸다. '나'라는 존재는 '너'라는 존재가 있을 때 비로소 가치가 있다. 사람은 홀로 살아갈 수 없기에 공동체가 필요하고 친구들이 필요하다.

1 하나님은 이야기가 듣고 싶어 인간을 만들었다.

2 죽은 사람을 비난하는 사람은 없다. 왜냐하면 그는 더 이상의 경쟁자가 아니기 때문이다.

3 하나님이 가장 좋아하는 장소는 사람의 가슴이다.

4 강한 사람이란 자기를 억누를 수 있는 사람과 적을 벗으로 바꿀 수 있는 사람이다.

5 사람의 태어남과 죽음은 책의 앞표지, 뒤표지와 같다.

6 다른 사람들보다 뛰어난 사람은 악에 대한 충동도 그만큼 강한 사람이다.

7 사람은 세 가지 이름을 가진다. 태어났을 때 부모가 붙여준 이름, 친구들이 우애를 담아 부르는 이름, 그리고 자기 생을 마감할 때 획득하는 명성이다.

8 하나님은 먼저 사람의 마음을 보시고 나서 두뇌를 보신다.

9 사람은 때때로 쇳덩이보다 강하고 때로는 파리보다 약하다.

다른 사람들이 나에게 관심을 갖게 하고 싶거든 먼저 당신의 귀와 눈을 닫지 말고 다른 사람들에게 관심을 표시하라. 이 점을 이해하지 않으면 아무리 재능이 있고 능력이 있더라도 사이좋게 지내기는 불가능하다. 또한 상대방이 누구이든지 공감해 주고 함께 동참하는 모습을 보이면서 당신이 바라는 일을 먼저 그 사람에게 베풀라. 그리고 너그럽게 상대방을 받아들이면 그의 마음을 얻게 될 것이다.

자녀

부모에게 자녀란 '과거의 행복한 추억'이자 '현재의 즐거운 순간'이고, '미래의 희망의 약속'이다. 과거와 현재 그리고 미래에 언제나 부모에게 더할 나위 없이 큰 의미를 주는 존재가 자녀들이다. 즉 부모에게 자녀는 생명처럼 소중하다.

1 자식이 학자 앞에 나서면 어리석으나 아버지 앞에서는 현인이다.

2 부모의 타이름을 듣지 않던 아이가 커서 자녀를 낳으면 그 아이도 타이름을 듣지 않게 된다.

3 형제의 머리를 비교하면 양쪽 다 죽이게 되지만, 개성을 비교하면 양쪽 다 살릴 수 있다.

4 자식들이 당신을 자랑스러워하지 않는다면 자신의 혈통을 과시하는 것이 헛된 일이다.

5 다섯 살 된 자식은 당신의 주인이고, 열 살 된 자식은 노예이며, 열다섯 살 된 자식은 동등하게 된다. 그 후로는 교육하는 방법에 따라 벗이 될 수도, 적이 될 수도 있다.

6 자녀가 어릴 때 배운 것이 노년에 나타난다.

7 매를 아끼는 사람은 자기 아들을 싫어하는 것이다.

8 자기 자식에 관한 한, 모두가 눈이 멀었다.

Jewish Think

내 집이 이 세상에서 가장 따뜻한 보금자리라는 인상을 자녀에게 줄 수 있는 부모는 훌륭한 부모다. 자녀가 자기 집을 따뜻한 곳으로 알지 못한다면 그것은 부모의 잘못이며, 부모로서 부족함이 있다는 증거다. 집은 어머니의 몸을 대신하는 것이다. 어머니의 몸이야말로 언제까지나 사람들이 동경하는 최초의 집이다. 그 속에서 인간은 안전했으며, 또 몹시 쾌적하기도 했다.

스스로

과거에는 리더 한 명의 지시에 따라 체계적으로 일했다면 이제는 스스로 일을 만들고 수행해 나가는 셀프 리더십이 요구되는 시대다. 그래서 피동적으로 일하기보다 기획자의 눈으로 세상을 읽고 스스로 문제에 부딪쳐 나가야 한다.

1 자신의 힘으로 생활할 수 있는 자는 하늘을 두려워하는 랍비보다 위대하다.

2 도움의 손길이 필요할 때는 자신의 다른 쪽 팔 끝을 찾아보라.

3 자비로운 사람은 자신의 영혼을 선하게 한다.

4 만일 사람이 스스로 할 수 없다면 그들은 전혀 도움을 받을 수 없다.

5 모든 나무는 스스로 그림자를 드리울 것이다.

6 만약 당신이 공주를 만나고 싶다면 왕자가 되어야 한다.

7 어린이의 눈물은 스스로 하늘을 움직인다.

8 당신이 다른 사람들에게 축복이 될 수 있도록 당신 자신에게 축복이 되라.

9 심장은 스스로 쓰라림을 알고 있다.

10 최악의 경우에 대비하라. 최선은 스스로 해결할 수 있다.

Jewish Think

자신을 관찰하고 돌아보는 것은 중요하다. 그 정답을 찾을 때 자신을 믿을 수 있는 당당함이 나오기 때문이다. 자신을 믿을 수 없는 이유는 지극히 많다. 자신을 하찮은 존재라고 여길 수도 있고, 스스로에 대한 부끄러움이 있기 때문일 수도 있다. 그 외에도 많은 이유가 존재한다. 자신의 내면에서 답을 찾는다면 자신감을 잃은 마음이 더 이상 스스로를 괴롭히지 않을 것이다.

가정

가정을 이루는 것은 의자, 책상, 소파가 아니라 소파에 앉은 어머니의 미소다. 가정을 이룬다는 것은 푸른 잔디와 화초가 아니라 잔디에서 터지는 아이들의 웃음소리다. 행복한 가정은 곧 사랑이 충만한 곳이다.

1 가정에서 부도덕한 일을 하는 것은 벌레 먹은 과일과 같다. 그것은 알지 못하는 사이에 퍼져나간다.

2 남자에게 자신감을 갖게 하는 세 가지가 있다. 그것은 좋은 가정, 좋은 아내, 좋은 의복이다.

3 가정이 없으면 어떤 나라도 세워질 수 없다.

4 봄철과 비 오는 날에 만들어지지 않은 가정은 없다.

5 좋은 가정, 좋은 아내, 좋은 가구가 남자의 마음을 사로잡는다.

6 아내를 공경할 줄 알아야 한다. 아내가 있어야만 축복이 집에 들어온다.

7 그의 가족과 함께 있을 때 남자의 기쁨은 가장 크다.

8 집은 지혜로 짓고, 이해로 견고하게 된다.

가정은 누구에게나 가장 안전한 피난처다. 가정은 고달픈 인생의 쉼터요, 의지와 축복의 샘터다. 또한 가정은 우리에게 대지와 같다. 거기에서 우리의 정신적인 양분을 섭취하기 때문이다. 아버지의 왕국이자 어머니의 영토요, 아이들의 보금자리다. 가정은 안심하고 모든 것을 맡길 수 있으며, 서로 의지하고 사랑하며 사랑 받는 곳이다. 가정은 우리에게 있어서 삶의 보물 상자가 되어야 한다.

함께함

사람은 곁에 누군가가 함께 있어야 심신이 건강해지는 존재다. 목표나 생각이 다르다 해도 혼자가 아니라는 위로가 필요하다. 누군가를 만나고 안다는 기쁨이야 말로 가치 있는 감정이다. 그래서 우리는 인생의 동반자를 사랑과 친절로 대해야 한다.

[1] 고양이와 개가 먹이를 함께 먹고 있을 때에는 다투지 않는다.

[2] 책과 칼은 함께 하늘에서 내려왔다.

[3] 사랑과 배고픔은 함께 살지 않는다.

[4] 둘이 함께 있으면 혼자 있을 때보다 행운이 따른다.

[5] 함께 웃고 울었던 사람들은 더 이상 낯선 사람들이 아니다.

[6] 현명한 사람과 함께 걷는 사람이라면 누구나 현명한 사람이 될 수 있다.

[7] 천국에서 바보와 함께하는 것보다 지옥에서 현자와 함께하는 것이 더 낫다.

8 만약 개와 함께 잔다면 벼룩과 함께 일어나게 될 것이다.

9 갈대는 약하고 쉽게 부러진다. 그러나 여러 개를 함께 묶으면 꺾이지 않는다.

함께한다는 것은 인생에서 매우 중요한 부분이다. 그것은 우리를 하나가 되게 하고, 안정감과 격려 그리고 소속감을 주며, 서로를 사랑하게 해 준다. 우리 중 누구도 우리 모두를 합친 것보다 더 똑똑하지는 못하다. 다른 사람이 할 수 없는 일을 내가 할 수 있고, 내가 할 수 없는 일을 다른 사람이 해내듯 함께라면 우리는 멋진 일들을 해낼 수 있다. 불을 피우기 위해서는 반드시 두 개의 부싯돌이 필요한 것과 같다.

아버지

아버지란 기분이 좋을 때 헛기침을 하고 겁이 날 때 너털웃음을 웃는 사람이다. 아버지란 울 장소가 없기에 슬픈 사람이다. 아버지란 '내가 아버지 노릇을 제대로 하고 있나? 내가 정말로 아버지다운가?' 하는 자책을 날마다 하는 사람이다.

1 아버지를 존중하고 그에게 순종하는 이유는 아버지가 가족을 위해 식량을 구하고 의복을 주기 때문이다.

2 딸이 결혼하면 딸에 대한 아버지의 권리도 끝나게 된다.

3 아들은 아버지의 죄로 고통 받지 않으며, 그 반대도 마찬가지다.

4 아들이 우는 것이 아버지가 우는 것보다 낫다.

5 아들이 아버지에게 순종하지 않아도 되는 유일한 때는 아버지가 아들에게 죄를 짓도록 하는 때다.

6 아버지가 아들에게 주는 것은 같이 웃는 것이며, 아들이 아버지에게 주는 것은 같이 우는 것이다.

7 아버지의 자리에 자식이 앉아서는 안 된다.

8 아버지가 신 포도를 먹었기 때문에 아들의 이가 시다.

9 아버지는 자녀들에게 왕관이 되고, 자녀들은 그들의 부모에게 왕관이 된다.

10 아버지와 함께 공부하는 아들은 복이 있고, 아들을 가르치는 아버지는 복이 있다.

아버지가 사랑하고 아들이 효도하며, 형이 우애하고 아우가 공경하면서 비록 극진한 경지에 이르렀다고 할지라도 그것은 모두 마땅히 그렇게 해야 하는 것일 뿐이다. 털끝만큼도 감격스러운 것으로 볼 것이 아니다. 만약 베푸는 쪽에서 자신의 덕으로 자임하고, 받는 쪽에서 마땅한 은혜로 생각한다면 이는 곧 길에서 오다가다 만난 사람일 뿐이니 장사꾼의 관계와 다름없다.

어린이

어린이는 소중한 존재이며, 보호되어야 한다는 생각은 20세기에 들어서야 생겨났다. 그 전에는 군식구 정도로 보았다. 애당초 '성인成人'이란 낱말부터가 '사람이 된다'는 의미이며, 뒤집어 말하자면 옛날에는 어린이는 사람이 아니었던 것이다.

1 아이들의 지혜 또한 지혜다.

2 아이가 어릴 때에는 엄하게 가르쳐야 하나, 아이가 무서워하는 일이 있어서는 안 된다.

3 어린아이는 부모의 이름을 따서 지어야 한다.

4 어린이는 부모가 이야기하는 모양을 흉내 낸다. 성격은 그 이야기하는 모양으로 알 수 있다.

5 어린아이는 당신을 잠들게 하지 않는다. 큰 아이들은 당신을 쉬게 하지 않는다.

6 마땅히 행할 길을 아이에게 가르쳐라. 그러면 늙어서도 그것을 떠나지 않을 것이다.

7 심지어 어린아이도 그의 행동으로 자신을 알린다.

8 아이들에게 어린 시절이 없다는 것은 곧 어둡고 무시무시한 광경이다.

9 어린 시절의 어떠한 필요도 부모의 보호에 대한 필요만큼 강하다고 할 수 없다.

10 어린아이는 당신의 무릎을 짓누르지만, 큰 아이는 당신의 심장을 짓누른다.

어린이의 꿈을 듣고 웃어서는 안 된다. 어린이에게 웃음은 비웃음을 뜻하는 일이 많고, 비웃음만큼 마음을 괴롭히는 것도 없다. 어린이가 어울리지 않는 꿈에 대해 말할 때 아버지가 할 일은 그 꿈에 대해 여러 관점에서 잘 이야기를 해주는 것이다. 어떻게 하면 그 목표에 도달할 수 있는가, 그 방법과 희망을 심어 주는 것이다. 무엇보다도 스스로 자신의 성공을 키워 갈 특권과 자격을 빼앗아서는 안 된다.

연애

연애란 타인을 통해 자신의 존재를 증명하려는 본능적 행동임과 동시에 자신이 살아 있음을 느낄 수 있게 만드는 최선의 방법이다. 나의 존재가 투영된 상대는 사랑하는 그 순간 세상의 무엇보다 아름답고 소중하며, 상대가 나를 부정할 때에는 끝없는 낭떠러지를 떨어지듯 괴롭다. 연애는 그 자체로 철학이고 삶이다.

1 누군가에게 당신을 사랑하거나 돈을 빌려주라고 강요할 순 없다.

2 정열은 불이다. 불과 마찬가지로 필요 불가결한 것이지만 불만큼이나 위험하기도 한 것이다.

3 한창 연애에 열을 올리고 있을 때에는 자기와 연애를 하고 있는지, 상대와 연애를 하고 있는지 잘 생각하라.

4 연애하는 딸을 집에 가두기는 백 마리의 벼룩을 울타리 안에 넣어 두기만큼 어렵다.

5 연애는 잼처럼 달지만 빵이 없다면 그것만으로 살아갈 순 없다.

6 질투심을 가지지 않은 어떤 사랑도 사랑이라고 할 수 없다.

7 신이 최초의 여자를 남자의 머리로 만들지 않았던 것은 남자를 지배해서는 안 되기 때문이다. 그리고 발로 만들지 않았던 것도 그의 노예가 되어서는 안 되기 때문이다. 갈비뼈로 만든 것은 그녀가 언제나 그의 가슴 가까이에 있도록 하기 위해서다.

8 사랑은 마음의 눈을 흐리게 한다.

9 연애를 하는 사람은 의안義眼을 낀 것과 같다.

10 모든 연애에는 욕망이 소유를 요구하는 순간이 온다.

Jewish Think

세상에는 아름다움을 선善으로 보는 망상이 아직 존재하고 있다. 아름다운 여성이 바보 같은 말을 해도 듣는 남자는 그것이 바보 같은 말로 생각되지 않고 현명한 이야기처럼 들린다. 게다가 아름다운 여성이 말하고 생각하는 것은 어쩐지 모르게 귀엽게 느껴진다. 만약 여자가 바보 같은 말이나 행동을 하지 않고, 게다가 미인일 경우엔 남자는 이처럼 정숙하고 현명한 여자는 다시없다고 생각한다.

남자

남자들은 도전의식이 강하다. 아침부터 산 정상을 향해 뒤돌아보지 않고 올라가는 것도 이 때문이다. 정상에 올라서 봐도 산 정상이나 아래나 마찬가지라는 점이 허무하다. 그럼에도 무언가 이루기 위해 도전해야 한다는 생각을 품고 살아가는 존재가 남자다.

1 남자가 여자를 만나 기뻐하거나 슬퍼할 수 있다면 젊다는 증거다. 중년이 되면 어떤 여자를 만나도 기뻐하게 된다. 그리고 여자를 만나도 기쁘거나 슬프지 않다면 노인이 되었다는 증거다.

2 이상적인 남성이란 남자의 강함과 여자의 상냥함을 겸비하고 있는 사람이다.

3 학자를 제외하고 남자들은 같은 직업을 가진 다른 사람들을 좋아하지 않는다.

4 잘못을 인정하는 것은 남자의 명예다.

5 남자는 부모님을 기쁘게 해 드리기 위해 자신의 아내와 싸우지 말아야 한다.

6 남자가 여자에게 끌리는 것은, 남자로부터 늑골을 빼앗아 여자를 만들었으므로 남자가 잃은 것을 되찾으려고 하기 때문이다.

7 여자는 남자보다 육감이 빠르고 정이 두텁다.

8 남자는 여자를 얻기 위해서 자신의 율법 책을 팔 수도 있다.

9 남자가 세상에서 좋은 사람이라면 그 아내에게는 나쁜 사람임에 틀림없다.

남자는 사랑받는 줄 알게 되면 기뻐하지만 그렇다고 자주 "당신을 사랑합니다"라는 말을 듣는다면 진절머리를 내고 만다. 여자는 날마다 "당신을 사랑합니다"라는 말을 듣지 못하면 혹시 남자의 마음이 변하지 않았는지 의심을 품는다. 남자는 사랑을 사랑하는 것으로 시작해서 여자를 사랑하는 것으로 끝난다. 여자는 남자를 사랑하는 것으로 시작해서 사랑을 사랑하는 것으로 끝난다.

관계

관계는 상호작용을 통해 점차 견고해진다. 너무 멀어져도 안 되고 너무 가까워져도 안 된다. 멀어지면 관계는 끊어지고 너무 밀접하면 서로에게 붙잡혀서 소리가 나지 않는다. 관계의 황금률이 있다. 서로 간에 딱 알맞은 거리가 있다.

1 향수 가게에 들어가서 향수를 사지 않아도 몸에 향기가 나며, 가죽 가게에 들어가서 가죽을 사지 않아도 가죽 냄새가 몸에 옮겨온다.

2 방앗간 집과 굴뚝 집이 싸우면 방앗간 집은 검어지고 굴뚝 집은 희어진다.

3 말을 부리는 데에는 먹이로 이끄는 것이 채찍으로 때리는 것보다 더 낫다.

4 파리 같은 사람은 남의 상처 받은 자리에 꼬여들기를 좋아한다.

5 사람을 한쪽 손으로 밀었다면 다른 한쪽 손으로는 그 사람을 끌어당겨라.

6 적에게 숨기지 않으면 안 되는 일은 친구에게도 숨겨라.

7 나쁜 친구는 당신의 수입을 셈해도 당신의 비용까지 헤아리려고 하지 않는다.

8 동료 없이 혼자서 잘 해낼 수 있다는 생각은 잘못된 것이다. 또 동료 없이 혼자서는 할 수 없다는 생각도 잘못된 것이다. 나아가 내가 없으면 그들이 해낼 수 없으리라는 생각은 더더욱 잘못된 것이다.

9 나쁜 친구들은 철새와 같아서 날씨가 추워지면 날아가 버린다.

Jewish Think

상대방에게 주는 자기의 인상을 조심하고 걱정하는 것은 당신을 주인공으로 내세운 까닭이다. 대개 사람들의 호감이란 먼저 표현해 준 것에 대한 반응으로서 나타난다. 기다릴 것이 아니라 당신이 먼저 하고, 너그럽게 다른 사람을 받아들여야 그들의 마음을 얻을 수 있다. 당신 자신의 귀와 눈을 닫지 말고 다른 사람에게 관심을 표하라. 그러면 다른 사람들은 당신에게 관심을 갖게 될 것이다.

평판

평판은 조직 내에서 게으른 사람을 걸러내는 기능과 아울러 선한 행동을 장려하여 조직이 잘 유지되도록 하는 기능을 갖고 있다. 이기적인 사람을 이타적인 사람으로 바꾸는 회초리 같은 기능을 평판이 담당해왔다. 이것이 평판의 순기능이다.

1 만일 자신에 대한 평가를 듣고 싶으면 이웃 사람들의 떠도는 말에 귀를 기울여라.

2 지식을 얻으려고 애쓰는 무지한 사람이나 나쁜 평판을 가진 사람이 과거를 만회하려고 애쓰는 것을 멸시하지 말라.

3 사람이 자기 동네에서는 평판에 따라 판단되고, 다른 동네에서는 옷에 따라 판단된다.

4 당신이 자랑스러워하는 일로 6명에게 알려지는 것은 자랑스럽지 않은 일로 6천만 명에게 알려지는 것보다 낫다.

5 지금 힘이 없는 사람이라고 우습게 보지 마라. 힘없고 어려운 사람은 백 번 도와줘라. 그리고 평판이 나쁜 사람을 경계하라.

6 아침 일찍 일어나는 사람의 평판은 정오까지 안전하게 잠들어 있을 수 있다.

7 평판은 최고의 소개장이다.

8 엄청난 부보다 명성을 택하고 금과 은보다 평판을 택해야 한다.

Jewish Think

나쁜 평판은 두려움 중에서 제일 큰 두려움이다. 그렇다고 해서 다른 사람들이 자신에 대해 어떤 말을 할까 항상 귀 기울이는 사람은 결코 마음의 평안을 얻지 못하는 법이다. 평판이라는 것은 눈에 보이지 않는 날개를 갖고 있어서 미처 생각지도 못한 곳까지 날아갈 수 있다. 겉만 번지르르하고 알맹이가 없다는 말을 듣기보다 신용을 중시하는 사람이라는 평판을 듣도록 노력하라.

이웃

이웃이란 함께 나누는 사이다. 시간적 · 공간적으로 가까이 있다고 해서 이웃이 되는 것이 아니라 즐거움과 아픔을 함께 나눌 때 비로소 이웃이 될 수 있다. 그리고 나누어 가짐으로써 서로 굳게 맺어지고 하나가 될 수 있다.

1 이웃은 소중하기에 사랑하지 않으면 안 된다. 비록 트럼펫을 불고 있더라도 말이다.

2 멀리 있는 형제보다 가까운 이웃이 낫다.

3 당신의 이웃을 자신의 몸처럼 사랑하라.

4 인간은 선천적으로 두 개의 눈을 가지고 있는데, 하나는 이웃의 미덕을 보는 눈이고, 다른 하나는 자신의 결점을 보는 눈이다.

5 신과 이웃에게는 아무것도 숨길 수 없다.

6 집을 사기 전에 그 이웃에 대해 물어본 후에 사라.

7 이웃의 명예를 자신의 명예처럼 소중히 여겨라.

8 이유 없이 이웃에 대한 증인이 되지 말라!

9 가장 나쁜 질병은 바로 나쁜 이웃이다.

10 어리석은 자는 이웃을 경멸하지만, 똑똑한 자는 침묵을 지킨다.

Jewish Think

우리가 새로운 이웃에게 마음이 끌리는 이유는 오래된 이웃에게서 느끼는 권태나 이웃이 바뀌기를 기대하기 때문이기도 하지만, 그보다는 우리를 잘 알고 있는 사람들로부터 호의를 받지 못하는 것에 대한 거부감이기도 하다. 또 그다지 우리를 알지 못하는 사람들로부터 좀 더 감탄을 받았으면 하는 희망에서 기인하기도 하다.

자선

자선은 자신의 것을 나누어 주고 다른 사람을 부요하게 만드는 것이다. 즉 재물이 있지만 자기를 위해서만 쓰지 않고 다른 사람을 위해 사용하는 것이다. 남을 위해 기꺼이 가난해지는 사람은 탐욕스러운 사람이 되지 않는다.

1 신은 부자가 아니다. 그가 하는 일은 오직 어떤 사람에게서 빼앗아서 다른 사람에게 주는 것이다.

2 어떤 사람이 후하게 나누어 주는 것을 보면 그의 재산이 늘어남을 의미하는 것이고, 자선을 거절하면 그의 재산이 줄어든다는 의미다.

3 한 개의 촛불로 많은 촛불에 붙여도 그 밝기는 약해지지 않는다.

4 자선을 행하지 않는 사람은 아무리 굉장한 부자일지라도 맛있는 요리가 즐비한 식탁에 소금이 없는 것과 마찬가지다.

5 거지 같은 뻔뻔함 때문에 그 사람을 돕지 않는 구실로 삼아서는 안 된다.

6 자선을 받는 가난한 사람조차도 자선을 베풀어야 한다.

7 가장 큰 자선은 가난한 사람들이 스스로 생계를 꾸려나갈 수 있도록 해주는 것이다.

8 자선은 생명을 구할 수도 있기 때문에 세심한 주의와 성실함을 요구한다.

9 가진 것이 많으면 많이 주고, 가진 것이 적으면 주는 것을 두려워하지 말라. 필요한 날에 쓸 재물을 쌓아 두라.

10 건강할 때 자선을 위해 주는 것은 금이며, 죽은 후에 주는 것은 납이다.

자선은 히브리어로 구제를 뜻하는데, 이는 없는 자에게 대가 없이 주는 것을 의미한다. 구제는 일회성이 아니고 일시적으로 자기만족을 실현하는 것이 아니다. 자기 분수에 맞는 작은 도움을 통해 나눔을 실천하고, 비록 자기가 베풀지 못하면 남이 베푸는 것을 보고라도 기뻐하는 것이다. 자선은 주는 자와 받는 자를 두루 축복하는 것이므로 두 배로 축복 받은 것이요, 미덕 중에 최고의 미덕이다.

질투

짝을 잃을지 모른다는 두려움 또는 짝이 제3자와 관계를 맺거나 맺을지 모른다는 불안감으로 인해 표현되는 불편한 감정이 질투다. 질투는 일시적인 경험이며, 소중한 관계에 위협이 생겼기 때문에 대처하려는 것이기도 하다.

1 질투는 천 개의 눈을 가지고 있다. 그러나 하나도 바로 보이지 않는다.

2 동정 받는 것보다 질투 받는 것이 낫다.

3 질투는 뼈를 썩게 한다.

4 질투는 죽음보다 훨씬 더 나쁘다.

5 질투는 쇠로 만든 이빨을 가지고 있다.

6 겸손함을 제외한 모든 미덕은 질투를 유발한다.

7 질투는 당신의 눈을 머릿속에서 기어 나오게 만든다.

8 친구의 질투심에 시달리는 것이 바늘에 찔리는 것보다 낫다.

9 사람은 자기를 부러워하는 사람에게서 쓴 맛을 느끼고, 아무도 부러워하지 않으면 슬퍼한다.

10 만약 친구를 질투한다면 친구는 번창하고 당신은 몰락할 것이다.

질투는 착각이다. 상대가 자신에게는 아주 소중한 존재이지만 자기는 그렇지 않다고 생각했을 때 일어난다. 상대는 자신의 모든 것이자 인생의 전부라고 평가하지만 자신이 왜 상대에게 그런 존재가 되지 못하는가에 대한 불안감을 가지고 있는 것이다. 그래서 마음에 질투를 품지 않도록 조심해야 한다. 왜냐하면 그것은 어떤 것보다 더 빨리 당신을 죽이는 것이기 때문이다.

지도자

좋은 지도자는 좋은 의사 결정을 내리는 사람이다. 토론을 할 때 반대 의견을 내는 것은 쉽지만, 의사 결정을 내리는 것은 쉬운 일이 아니다. 최종 의사 결정은 더욱 어렵다. 그래서 지도자는 자리가 만들어 주는 것이 아니라 스스로 쟁취해야 하는 자리다.

1 한 척의 배에는 한 사람의 선장만 필요하다.

2 이미 좋은 지도자가 있다면 지도자가 될 생각을 하지 마라. 그러나 좋은 지도자가 없다면 지도자가 되기 위해 힘써야 할 것이다.

3 무식한 사람이 지도자인 사회에는 진정 화가 미친다.

4 한 세대의 지도자는 진정한 성자여야 한다.

5 지도자는 길을 아는 사람이 아니라 길을 알고 있다고 생각하는 사람이다.

6 다윗이 골리앗을 이긴 이후로 유대인들은 젊음을 지도력에 대한 장벽으로 여긴 적이 없다.

7 대개 지도자가 되는 사람은 길을 아는 사람이 아니라 자신이 아는 것처럼 행동하는 사람이다.

8 어떤 지도자도 먼저 상의하지 않고 공동체를 다스릴 순 없다.

9 지도자의 임무는 따르는 사람들을 가 보지 못한 곳으로 데려가는 것이다.

지도자는 목자와 같다. 양 무리 뒤에 머무르면서 가장 민첩하게 앞을 내다본다. 다른 사람들은 뒤에서 지시를 받는다는 것을 깨닫지 못하고 지도자를 따라 가게 된다. 사람들이 따라가게 되는 이유는 믿기 때문이다. 그리고 말하고 설명하기보다 보여 주어야 하며, 나아가 그들에게 영감을 주는 사람이 위대한 지도자다. 즉 두려움으로부터 자신을 지키고 다른 사람들과 영감을 나누는 사람이다.

의인

착한 사람과 의로운 사람은 다르다. 착하고 모범적인 사람이지만 의로움에 대해서는 눈뜨지 못할 수 있다. 의로운 것을 행하려는 마음이 없기 때문이다. 착하게 사는 것은 누구나 할 수 있다. 하지만 마음이 옳다고 하는 일을 몸으로 행하는 것은 쉽지 않다.

1 하나님은 의로운 자를 시험하신다.

2 의인의 기도는 짧다.

3 의로운 사람은 살아 있을 때보다 죽은 후에 더 위대하다.

4 의로운 사람 가운데 있으면서 죄를 짓는 사람은 악한 사람 가운데에서 죄를 짓는 사람보다 더 나쁘다.

5 의로운 사람의 혀는 은이지만, 악인의 마음은 아무 가치가 없다.

6 항상 선한 일만 하고 결코 죄를 짓지 않는 의인은 없다.

7 의인은 가벼운 죄를 지어도 벌을 받고, 악인은 무거운 죄에 대해서만 벌을 받는다.

8 자신이 옳다는 것을 아는 의인은 옳지 않다.

9 의인은 죽은 후에도 산 자라고 불린다. 그러나 악인은 살아 있어도 죽은 자라고 불린다.

10 의로운 자임에도 불구하고 자기의 의로움 때문에 죽고, 자기의 악행에도 불구하고 오래 사는 악한 자가 있다.

11 의로운 자는 약속을 적게 하고 실행을 많이 하지만, 악인은 약속을 많이 하면서 거의 실행하지 않는다.

12 의인은 욕망의 주인이요, 악인은 욕망의 노예다.

의로운 일을 행하려고 애쓰고 노력하는 것이 중요하다. 진정으로 의로운 자는 나쁜 행동을 삼가는 것이 아니라 나쁜 행동을 바라지 않는 것이다. 의인은 자기의 죄를 늘 잊지 않지만 자기의 선행을 이내 잊는 자다. 또한 옳은 일을 위해 고난을 받더라도 이를 담대하게 수용한다. 결국 의로운 일을 하고 낙심하지 않으면 언젠가 그 열매를 거둘 수 있다.

승패

승자는 패자보다 훨씬 많은 실수를 저지른다. 그것이 바로 승자들이 이길 수 있는 비결이다. 패자를 승자로 바꾸는 비법이 있다면 그건 바로 당신이 원하는 것에만 집중하는 것이다.

1 승자는 순간마다 성취의 만족을 경험하며, 패자는 영원히 성취의 만족을 경험하지 못한다.

2 승자는 꼴찌를 해도 의미를 찾지만, 패자는 오직 일등을 했을 때만 의미를 찾는다.

3 승자는 일곱 번 쓰러져도 여덟 번 일어서고, 패자는 쓰러진 일곱 번을 낱낱이 후회한다.

4 승자는 문제 속에 직접 뛰어든다. 패자는 문제의 변두리에서만 맴돈다.

5 승자의 입에는 솔직함이 가득 차고, 패자의 입에는 핑계가 가득 찬다.

6 승자는 지는 것을 두려워하지 않지만, 패자는 이기는 것도 은근히 염려한다.

7 승자는 자기보다 우월한 자를 보면 존경하고 배울 점을 찾고, 패자는 질투하고 그 사람의 갑옷에 구멍 난 곳이 없는지 찾으려 한다.

8 승자는 행동으로 말을 증명하나 패자는 말로 행동을 변명한다.

9 승자의 주머니에는 꿈이 있고, 패자의 주머니에는 욕심이 있다.

10 두 사람이 내기를 하면 반드시 승자와 패자가 있어야 한다.

경쟁의 세계에는 두 마디 어휘밖에 없다. 즉 '이기느냐, 지느냐'이다. 성공과 실패는 언제나 같은 선상에 있다. 승리는 원한을 가져오고 패배는 스스로를 비하한다. 이기고 지는 마음을 떠나 다투지 않으면 저절로 편해진다. 그래서 승리의 결실을 거둔 후에는 패배로 위장하고 슬쩍 뒤로 물러나도록 하라. 또한 패배의 순간에는 그것을 솔직하게 시인함으로써 어느 정도 패배를 감출 수 있다.

4장

인생에 대하여

유대인들은 굴곡진 삶을 통한 통찰과 인생을 가로지르는 삶의 기술을 「탈무드」를 통해 가늠해볼 수 있는데, 인생의 순리를 따르면서도 가난을 싫어하고, 무엇보다 배움과 교육을 중시하는 그들의 인생철학이 잘 담겨 있다. 특히 공동체의식이 강한 유대인들은 민족의 생존을 위해 가난한 자와 고아와 과부를 돕는 자선과 구제를 당연한 의무이자 자신이 복을 받는 비결로 받아들였다. 유대인에 대해 가지는 세인들의 이미지처럼 돈에 집착하고 부자를 꿈꾸지만 그렇다고 가난한 자를 경멸하지 않는다. 다른 사람을 위한 자선은 다시 자신에게 돌아온다는 믿음이 있기 때문이다.

말

사람은 말을 만들고, 말은 사람을 만든다. 말은 생각과 뜻을 담은 그릇으로서 현재와 장래의 모든 것을 결정하는 위대한 비밀을 품고 있다. 또한 말은 의미를 표현하는 수단으로서 생각은 말로 나타나고, 말은 행동으로 나타난다.

1 입안에 있는 말은 자신의 노예지만, 그것이 입 밖으로 나오면 곧 자신의 주인이 된다.

2 자신의 말은 내가 건너는 다리라고 생각하라. 단단한 다리가 아니라면 건너려고 하지 않을 테니까.

3 걸음이 아무리 빠를지라도 혀를 당하지 못한다.

4 당나귀는 긴 귀로 구별할 수 있고 어리석은 자는 긴 혀로 구별할 수 있다.

5 당신의 혀에게 "나는 잘 모릅니다"라는 말을 열심히 가르쳐라.

6 물고기는 언제나 입으로 낚인다. 사람도 마찬가지로 입으로 걸린다.

7 입을 다물 줄 모르는 사람은 문이 닫히지 않는 집과 같다.

8 그대의 혀에는 뼈가 없음을 잊지 말라.

9 당신이 놓아 준 새는 다시 잡을 수 있지만, 입술을 벗어난 말은 돌아오지 않는다.

Jewish Think

나를 이해시키고 알리기 위해 가장 용이한 방법은 말이다. 빠르게 알릴 수 있기 때문이다. 그런데 말을 꺼내기는 쉽고 빠르지만 해명하고 따지고 싶은 욕구를 참고 끝까지 경청하는 일은 매우 어렵다. 실천보다 말이 쉽기 때문에 생각을 깊이 담지 않고 토해 내지만 놓아 버린 것을 다시 주워 담기는 더더욱 어렵다. 그래서 사람들은 말 때문에 후회를 많이 한다. 후회를 적게 하는 방법은 조금만 말하고 듣는 훈련을 많이 하는 것이다.

부자

얼마를 가져야 부자인가? 대부분은 내 기준에서 부자가 아니라 세상이 만들어 준 사다리를 바라보면서 끊임없이 올라가고 있을 뿐이다. 죽을 때까지 끝은 없다. 결국 기준은 자신이 결정하는 것이다. 자신이 이루고 싶었던 삶, 돈이 아닌 그 삶을 좇아가는 사람이 부자다.

1 큰 부자에게는 자식이 없다. 오직 상속인만 있을 뿐이다.

2 돈을 사랑하는 마음만으로는 부자가 될 수 없다. 돈이 당신을 사랑하지 않으면 안 된다.

3 세상에서 가장 부자인 사람은 지금 가진 것에 대해 만족하는 사람이다.

4 부는 어떠한 잘못도 덮을 수 있다.

5 부자가 굶주리는 건 어느 때인가? 그것은 의사로부터 지시를 받았을 때다.

6 가난한 자에게는 적이 적고, 부자에게는 친구가 적다.

7 부자는 금을 먹지 않고 가난한 자는 돌을 먹지 않는다.

8 인생의 운명에 만족하는 사람, 그가 바로 진정한 부자다.

우리는 돈을 좇지 말고 돈이 우리를 따라오게 만들어야 한다. 사람이 돈을 어떻게 쓰느냐를 보면 누가 주인인지 알 수 있다. 그래서 그 사람의 삶을 제대로 보려면 돈 쓰는 습관을 보면 된다. 지나치게 돈을 추구하다 보면 돈이 모든 것을 채워 줄 수 없다는 것을 알게 된다. 돈으로부터 자유로울 수 있어야 우리는 진정한 부자가 될 수 있다.

기적

우리가 살아 숨 쉰다는 것만으로도 기적이다. 지극히 평범하게 보이는 것들이 얼마나 기적 같은 일인지 느낄 수 있을 때 우리 삶은 더욱 더 충만해질 것이며, 우리 삶은 감사할 것으로 가득한 축복 받은 삶이 될 것이다.

1 기적은 어떤 것이 불가능한지 증명하지 못한다. 단지 무엇이 가능한지 확인하는 데 유용하다.

2 사람은 절대로 위험한 곳에 서서 자신에게 기적이 일어나기를 기대해서는 안 된다.

3 불필요한 위험에 자신을 노출시키지 마라. 기적이 당신을 구해 줄 수 없을지 모른다. 만일 기적이 일어난다면 당신 몫의 행운 일부가 차감되는 것이다.

4 위험한 곳은 피하는 것이 좋지만 위험에 빠졌다면 구조될 수 있다는 기적을 믿어야 한다.

5 세상에는 경이와 기적이 가득하다. 하지만 사람들은 그들의 작은 손으로 눈을 가리기 때문에 아무것도 볼 수 없다.

6 세상은 기적과 놀라운 일 없이는 존재하지 않는다.

7 기적을 바라는 것은 좋다. 그러나 기적에 의지해서는 안 된다.

8 기적에 의지하는 사람은 아무것도 경험하지 못할 것이다.

9 기적은 염원에 대한 보답이다.

10 하나의 기적은 종종 다른 하나의 불행이다.

Jewish Think

인생을 살아가는 두 가지 방법이 있다면 하나는 기적이고, 또 하나는 기적인 것처럼 살아가는 것이다. 우리에겐 자연 현상에 기초한 현실에서 기적은 멀리 있는 것 같다. 그러나 기적은 생각보다 가까이 있다. 기적은 우리가 계획해서 만들어갈 수 있다. 수많은 실수와 기회, 우연의 일치로 내가 여기에 있다고 생각되지만 그것은 기적이며, 이 세계는 엄청나게 큰 기적이기도 하다. 설명할 수 없는 것만 기적이 아니라 '평범'이라고 이름 붙인 모든 것이 기적일 수 있다.

노동

노동 없이 우리의 삶은 불가능하다. 노동은 비록 고통스럽지만 인간이 비전을 세우고 그것을 달성하기 위해 노동의 수고를 아끼지 않을 때 행복해진다. 그것을 외면하면 영혼이 황폐하게 되어 살아 있으나 죽은 사람이 되고 말 것이다.

1 자식에게 노동을 가르치지 않는 아버지는 도둑이 되라고 가르치는 것과 마찬가지다.

2 당신의 수고로 노동의 결실을 맛보게 된다면 당신은 성공하게 될 것이다.

3 정말 위대하고 감동적인 모든 것은 자유롭게 일하는 사람들이 창조한다.

4 같은 민족이든지, 외국인이든지 가난하고 궁핍한 노동자를 그 사회에서 학대하지 말라. 해가 지기 전에 반드시 당일 임금을 지불해야 한다. 그들은 가난하고 그것에 의지하기 때문이다.

5 사람이 혼자 밥을 먹을 수는 있지만 혼자 일할 수는 없다.

6 사막에 살았던 우리의 조상들은 이집트에서 먹었던 맛있는 생선은 기억하지만 거기서 행한 고된 노동은 잊었다.

7 젊은이들이 나타나서 갑자기 일터를 차지하고 자신의 습관과는 전혀 다르게 일하는 모습을 보게 될 때 자신이 늙었다는 것을 깨닫게 된다.

8 아무리 보잘것없어 보여도 일을 하지 않으면 굴욕적인 것이다.

우리가 하는 노동의 가치는 그에 대한 보상으로 주어지는 돈의 가치와는 비교할 수 없는 고귀한 것이다. 그래서 노동을 한다는 것이 사람에게는 존엄성, 품위, 건강함을 보여 주는 것이기도 하다. 부지런히 일하는 사람들이 있기에 온 세상이 멈추지 않고 있으며, 현재와 미래가 존재하는 것이다. 노동을 가인의 후예에 대한 저주라고 여긴다면 죽을 맛이지만 노동을 예배라고 생각한다면 신성한 축복이 될 것이다.

병

우리의 몸은 자신의 상태를 병의 증상으로 말하고 표현한다. 즉 몸에 안 좋은 일이 일어나고 있다는 것을 암시한다. 병은 몸과 마음의 갈등인데, 당신이 고통을 느끼고 병이 생겼다면 몸이 당신에게 위험을 전하는 것이다.

1 악마도 병이 들면 천사가 된다.

2 환자가 병원에 가면 가장 먼저 도움을 받는 사람은 의사다.

3 때로는 치료가 병보다 더 힘들다.

4 좋은 생계 수단이 모든 질병의 치료법이다.

5 상상 속의 병은 실제 병보다 훨씬 더 나쁘다.

6 병들고 비천하고 굴종하는 영혼은 특히 오만하고 잔인한 주인의 지배를 받을 때 지혜를 흡수하기 어렵다.

7 질병에 대한 분명한 치료법이 있다면 그것은 단지 절반의 질병일 뿐이다.

8 다른 사람의 병은 견디기 어렵지 않다.

9 완고함이라는 병에는 치료법이 없다.

어떤 병을 진단하기 전에 마음에 병이 없는지 확인해야 한다. 몸을 검사하기 전에 먼저 그의 이야기에 귀를 기울여야 한다. 이야기를 듣게 되면 비로소 몸의 상태를 제대로 알게 된다. 모든 치료가 모든 사람의 병에 효과 있는 것은 아니며, 같은 증세라도 어떤 환자에게 효과적이었던 약이 다른 환자에게는 효과가 없을 수도 있다. 치료는 객관적이어야 하지만 그 사람의 이야기를 듣지 않고는 병을 속단할 가능성이 있다.

좋은 것

우리에게 항상 좋은 일만 있다면 얼마나 좋을까? 좋은 일은 내가 아닌 누군가에게만 일어나는 일이 아니라 스스로 만드는 사람에게 다가오는 법이다. 아프고 힘든 일 속에서 의미를 찾고, 작은 행복을 발견한다면 그것이 좋은 일이다.

1 착한 사람의 나쁜 면이 악한 사람의 좋은 면보다 좋다.

2 좋은 손님은 도착하자마자 반기게 되고, 나쁜 손님은 돌아가자마자 반기게 된다.

3 술집은 좋은 사람을 망가뜨리지 못할 것이고, 학교는 나쁜 사람을 고치지 못할 것이다.

4 누구에게든 나쁜 일을 하면서 거들어 달라고 하는 것보다 좋은 일을 하면서 거들어 달라고 하는 것이 훨씬 낫다.

5 선한 자의 길로 행하고, 의인의 길을 지키라.

6 일을 즐기는 것보다 더 좋은 것은 없다.

7 행복은 모두가 갈망하는 좋은 것 중 하나다.

8 만약 당신의 힘으로 좋은 일을 할 수 있다면 마땅히 해야 할 그 일을 주저하지 말라.

삶은 단지 좋은 것에 관한 것이나 나쁜 것에 관한 것이 아니다. 좋은 일과 나쁜 일 모두 삶의 일부다. 단지 어느 것에 집중하느냐에 달려 있다. 좋은 일은 받아들이고, 나쁜 것은 학습 과정이라는 것을 잊지 마라. 당신은 충분히 그것을 이겨낼 수 있다. 당신이 행복해진다면 그것은 좋은 일이 될 것이다. 이것은 삶의 열쇠다. 모든 좋은 것을 당신의 것으로 생각하면서 당연한 것으로 여겨라.

죽음

죽음이라는 숙명이 가혹한 형벌인가? 오히려 아무리 짧은 생이라도 삶 자체를 누릴 수 있는 행운이 주어졌다는 것에 감사할 수 있다. 언젠가는 죽을 수밖에 없는 것이 우리의 숙명이라면 지금 여기 살아 있다는 것의 가치는 훨씬 크게 다가온다.

1 죽음을 보고 그 뒤를 따르지 않는 것은 가난한 사람을 보고 비웃는 것과 같다.

2 수의에는 주머니가 없다.

3 사람이 늙는다는 것은 자신 위에 세워질 개집을 받아들이는 것과 같다.

4 인생에 있어서 늦어도 상관없는 것 두 가지가 있다. 바로 결혼과 죽음이다.

5 죽음은 뇌물을 받지 않는다.

6 죽음의 천사는 파괴할 자격이 있기 때문에 의로운 자와 악한 자를 구별하는 데 어려워하지 않는다.

7 죽음은 문을 두드리지 않는다.

8 당신 앞에 묘지가 있다면 마을이 가까이에 있을 것이다.

9 죽음은 인생에서 가장 큰 손실이 아니다. 가장 큰 손실은 우리가 살아 있는 동안 우리 안에서 죽은 것이다.

10 편한 죽음은 사는 것보다 더 힘들다.

11 죽은 사람이 아니라 애도하는 사람을 위해서 울라. 그들은 쉴 곳으로 갔고, 우리는 슬퍼할 수밖에 없다.

죽음에 대한 두려움은 삶에 대한 두려움에서 비롯된다. 완전히 사는 사람은 언제든지 죽을 준비가 되어 있다. 반면 우리가 죽음을 두려워하지 않는다 해도 우연히 죽음과 마주치고 싶어 하지 않는다. 그러나 죽음은 삶의 반대가 아니라 그것의 일부다. 또 죽은 사람들은 아직 살아 있는 사람들의 삶의 일부로 살아남을 수 있다. 그러나 가장 중요한 것은 당신이 사라진 후에도 사랑은 없어지지 않고 남아 있다는 것이다.

행운

행운은 거저 오는 것이 아니라 준비가 기회를 만나는 것이다. 말 그대로 행운이라는 것이 결코 쉽지 않은 운명의 반란이라면 노력한 만큼 주어지고 주어진 것에 만족하며 사는 것이야말로 우리에게 주어진 진정한 행운이 될 것이다.

1 행운이 들어오거든 의자를 권하라!

2 아둔한 자가 행운을 잡으려고 하는 것은 찢어진 그물로 고기를 잡는 것과 같다.

3 1그램의 행운은 1톤의 황금보다 낫다.

4 행운의 혜택을 받기 위해서는 지혜가 필요 없다. 그러나 행운을 활용하기 위해서는 지혜가 필요하다.

5 지혜 없는 자가 행운의 혜택을 받는 것은 구멍 뚫린 자루에 밀가루를 넣고 짊어지는 것과 같다.

6 행운에서 불운은 한 걸음밖에 떨어져 있지 않으나, 불운에서 행운은 백 걸음이나 떨어져 있다.

7 심지어 운이 나쁜 자도 약간의 운이 필요하다.

8 장소를 바꾸면 행운도 더 좋게 바뀔 것이다.

Jewish Think

때때로 우리가 원하는 것을 얻지 못하는 것이 행운일 수 있다. 우리가 행운에 의지하면 증발하기 때문이다. 어떤 이들은 행운이 항상 다른 사람들의 것이라고 믿는다. 그러나 진정한 행운은 당신이 원하는 것을 얻는 것이 아니라 당신이 본래 가지고 있는 것을 얻는 것이다. 그럼에도 우리들 대부분은 가지고 있는 것보다 조금 더 현명하게 행동했을 때 그것을 행운이라고 부른다.

돈

나에게 있어 돈은 무엇인가? 권력일까, 악의 뿌리일까? 돈만 있으면 원하는 것을 모두 할 수 있고 행복할까? 돈은 신념의 거울이다. 돈에 관한 철학이란 돈을 더 많이 버는 것이 아니라 돈에 대한 올바른 태도를 의미한다.

1 친구에게 돈을 빌려 주지 않으면 친구를 잃지 않는다.

2 무거운 지갑을 무겁다고 생각하는 사람은 아무도 없다.

3 호주머니에 돈이 있을 때 당신은 현명하고 노래도 잘한다.

4 돈은 기회를 만들어 주는 도구다.

5 돈은 악이 아니며, 저주도 아니다. 돈은 사람을 축복하는 것이다.

6 돈은 좋은 사람에게는 좋은 것을, 나쁜 사람에게는 나쁜 것을 가져온다.

7 돈 있는 사람을 칭찬하는 사람은 그를 칭찬하는 것이 아니라 돈을 칭찬하는 것이다.

8 돈을 빌리는 사람은 빌려 주는 사람의 노예가 된다.

9 배부른 지갑이 훌륭하다고 할 수는 없어도 빈 지갑은 나쁘다.

10 돈은 무자비한 주인이지만 유익한 심부름꾼도 된다.

11 빌려 줄 때는 증인을 세우라. 그러나 그냥 줄 때는 제3자가 있어서는 안 된다.

12 돈을 가장 잘못 쓰는 사람은 욕망을 위해 제일 헤프게 쓰는 사람이다.

유대인들은 돈에 대해 넓은 아량과 유연한 사고를 가지고 있다. 그들은 돈으로 행복을 살 순 없지만, 자신들의 불확실함과 불행을 극복할 수 있다고 생각한다. 돈의 부재로 인한 가장 큰 문제는 사람들이 자신들에게 있어 최악의 것을 정확하게 선택하기 때문이다. 그래서 그들은 돈 없이 행복하게 살 수 있다고 말하는 자들을 일종의 영적인 속물이라고 생각한다.

기회

기회의 신 카이로스는 이렇게 말한다. "내 앞머리가 무성한 것은 사람들이 금방 알아차리지 못하게 하기 위함이며, 뒷머리가 대머리인 것은 한 번 놓치면 다시 붙잡지 못하도록 하기 위해서다. 어깨와 발뒤꿈치에 날개가 달린 이유는 최대한 빨리 사라지기 위함이다."

1 죄에 대한 유혹은 도둑은 고사하고 정직한 사람에게도 주어지지 말아야 한다. 누구나 기회만 있으면 악인이 된다.

2 현재는 어떠한 때인가? 지금은 언제든지 새롭게 출발할 수 있는 시간이다.

3 돈은 하나님으로부터의 선물을 살 기회를 준다.

4 시간과 기회는 모두에게 일어난다.

5 인생에 있어서 기회를 잡을 때를 아는 것보다 더 중요한 것은 나의 이익을 포기할 때를 아는 것이다.

6 모든 사람은 일생에 오직 하나의 출입구를 갖는다.

7 당신이 복권을 사든 안 사든 당첨될 가능성은 같다.

8 자신이 하고 있는 일에 대한 가장 큰 보상은 더 일할 기회가 주어진 것이다.

9 기회가 노크를 하지 않으면 문을 만들어라.

Jewish Think

인생은 영원하지 않기 때문에 첫 번째 기회를 잡아라. 두 번째 기회를 기다리지 마라. 어쩌면 두 번째 기회는 없을 수도 있다. 혹여라도 그것이 실수로 판명난다 해도 어쩌랴. 그것이 인생이다. 당신이 두 번째 기회를 얻지 못했다 해도 첫 번째 기회는 분명 있지 않았는가? 그러니 기회가 노크할 때 붙잡아라. 항상 당신이 안전지대 밖으로 한 걸음 내딛는 것에서부터 새로운 기회가 시작된다.

행복

행복은 한순간이 아니라 경험의 총계다. 때때로 감정적 고통을 겪어도 행복할 수 있다. 행복한 사람은 긍정적인 감정을 향유하고 삶을 유의미한 것으로 인식한다. 따라서 삶을 살아가면서 가끔은 의미 있는 미래의 목표를 위해 현재의 즐거움을 포기할 필요가 있다.

1 남을 행복하게 하는 것은 향수를 뿌려 주는 것과 같다. 뿌릴 때 자신에게도 몇 방울은 튄다.

2 추운 날 따뜻한 수프 한 그릇이면 모든 걱정이 사라진다.

3 행복을 추구하려면 만족으로부터 멀리 떨어지지 않으면 안 된다.

4 하루의 행복은 나쁜 일을 잊게 하고, 나쁜 날은 좋은 것들을 잊어버리게 한다.

5 행복해지는 방법을 아는 것은 쉽지 않다.

6 사람은 자신의 지붕과 나무 아래에서 살 때 행복하다.

7 만약 항상 불행을 두려워하기만 한다면 늘 행복을 놓치게 될 것이다.

8 오늘 행복한 모든 사람이 내일 행복하지는 않을 것이다.

9 그의 운명에 행복하지 않은 사람은 '불쌍한 사람'이라고 불린다.

10 돈이 많으면 많을수록, 지혜가 많으면 많을수록 더 행복하다.

11 행복은 내가 원하는 것을 가지는 것이 아니라 내가 가지고 있는 것을 원하는 것이다.

당신이 무엇을 가졌는지, 당신이 누구인지, 당신이 어디에 있는지 등은 결코 당신을 행복하게 하거나 불행하게 만드는 것이 아니다. 이것들은 그저 당신의 생각일 뿐이다. 행복은 준비된 것이 아니다. 그것은 자신의 행동에서 비롯되고, 개인적인 노력의 결과라고 할 수 있다. 다시 말해 생각한 것과 말한 것이 조화를 이루도록 끊임없이 노력한 결과다. 행복을 무엇으로 이룰 수 있는지 계속해서 찾는다면 행복해지지 않을 것이다.

건강

과거에는 건강이 육체적 · 정신적으로 질병이나 이상이 없고, 정상적인 생활을 영위할 수 있는 신체 상태를 의미했으나 오늘날에는 사회생활에 의존하는 경향이 커짐에 따라 신체적 · 정신적 · 사회적으로 완전히 안녕한 상태에 놓여 있는 것을 의미한다.

1 건강한 자에게는 의사가 쓸 데 없다.

2 너무 앉아 있으면 항문에 나쁘다. 너무 서 있으면 심장에 나쁘다. 너무 걸으면 눈에 나쁘다. 그러므로 그 셋을 적당히 엇섞지 않으면 안 된다.

3 훌륭한 의사라도 연옥*에 떨어지는 것이 마땅하다.

4 건강처럼 큰 보배는 없다.

5 수면만큼 좋은 의사는 없다.

* 연옥(煉獄) 죽은 사람의 영혼이 천국에 들어가기 전에 남은 죄를 씻기 위하여 불로써 단련을 받는 곳이다.

6 위의 1/3을 먹을 것으로 채우고, 또 1/3을 마실 것으로 채우고, 나머지 1/3은 비워 두라. 위는 머리와 달라서 무제한으로 밀어 넣을 수 없기 때문이다.

7 아픈 부자보다 건강하고 가난한 것이 낫다.

8 건강의 목표는 사람이 지혜를 얻을 수 있게 하는 것이다.

9 좋은 배우자와 건강은 사람에게 가장 좋은 재산이다.

10 지나친 것은 무엇이든지 건강에 해롭다.

11 건강한 사람은 본능적으로 인생을 사랑한다.

건강을 해치면 지혜를 얻을 수 없으며, 예술을 밝힐 수 없고, 싸울 수 있는 힘이 없으며, 재산은 쓸모없게 되고, 지성은 무의미해진다. 몸을 존중하라. 건강은 음식이나 운동이나 자연요법 등으로 완벽하게 관리하는 것만이 아니다. 건강은 욕망과 균형을 맞추는 것이다. 그것은 몸뿐만 아니라 정신을 기르는 것이다. 가장 첫 번째 재산은 항상 건강이다.

나이듦

나이듦은 자신의 꿈을 향해 한 걸음 더 가까워질 준비가 된 것이다. 간절히 바라고 실천한다는 것은 나이듦을 경험해 보지 못한 사람들에게는 어려운 일이다. 결국 나이듦이란 연수가 오래되었다는 것이 아니라 자신의 삶에 대해 책임 있는 행동을 이해하는 것이다.

1 늙은이는 다시 젊어지지 않는다는 것을 알고 있지만, 젊은이는 자기가 늙고 있다는 것을 잊고 있다.

2 늙고 싶지 않다면 젊을 때 스스로 목을 매달아야 한다.

3 노년에 지혜를 찾는 것은 모래 위에 새기는 것과 같다.

4 나이가 들거나 젊어 보이는 외모에 속지 마라. 새 부대는 좋은 포도주로 가득할 수 있고, 오래된 것은 완전히 비어 있을 수 있다.

5 아이들이 어릴 때 부모는 자녀들이 얼마나 똑똑한지에 대해 이야기한다. 부모들이 나이가 들면 자녀들은 부모들이 얼마나 어리석은지를 이야기한다.

6 사람은 나이가 들면 시야도 바뀐다.

7 젊은 나무는 바람에 견뎌낼 수 있으나 나이든 나무는 이내 부러진다.

8 내가 어렸을 때는 똑똑한 사람들을 존경했다. 그러나 늙어서는 친절한 사람들을 존경한다.

Jewish Think

늙는다는 것은 주변 모든 것에 관해 질문을 그만두고, 나이 드는 법을 제외하고는 새로운 것을 배우고 싶지 않을 때다. 나이 듦은 우리의 잘못은 아니지만 분명히 느끼고 있다. 날마다 우리는 나이가 들어간다. 그러나 나이가 들수록 삶은 다르게 보일 것이며, 삶의 여정에 대해 더 잘 이해하게 될 것이다. 이미 나이 들었기 때문에 꿈을 포기하는 것은 아니며, 꿈을 꾸는 것을 잊었기 때문에 나이 드는 것이다.

나이를 많이 먹는

정신의 생명은 죽음에 직면하여 두려워하지도 않으며 후퇴하지도 않는다. 죽음을 견디는 것, 그리고 죽음 속에서 정신의 생명을 유지해 가는 것이 생명이다. 생명은 자연의 가장 아름다운 발명이며, 죽음은 더 많은 생명을 얻기 위한 기교다.

1 생명이 위협 받는 곳에서는 안식일* 법이 적용되지 않는다.

2 내가 생명과 죽음, 복과 저주를 당신 앞에 내놓는다. 당신과 당신 자손이 잘 살려거든 생명을 택하라.**

3 현실의 경이로운 구조와 생명과 영원의 신비를 생각할 때 우리는 경외하지 않을 수 없다.

4 한 생명을 구하는 일은 세계를 구하는 것과 같다.

5 마음의 기쁨은 사람의 생명이요, 기쁨은 사람의 수명을 연장시켜 준다.

* 안식일(安息日) 유대교에서 일주일의 제7일로 지정한 거룩한 날. 금요일 일몰부터 토요일 일몰까지를 이르는데, 이날은 모든 일을 일체 하지 않고 휴식을 취한다.

** 신명기 30장 19절

6 우리는 심지어 죽음도 공짜로 얻을 수 없다. 죽음은 목숨을 대가로 지불해야 하기 때문이다.

7 정신을 잘 챙겨라. 정신은 생명의 원천이다.

8 희망이 없다면 모든 활동은 중단되고 삶은 끝날 것이다.

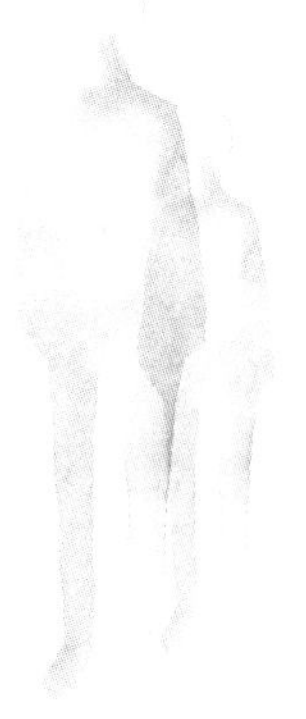

생명은 존재에게 주어진 최고의 선물이다. 사람들이 자기 생명만큼 오래 보존하고 싶어 하는 것도 없지만, 생명만큼 소중하게 다루지 않는 것도 없다. 생명이 나타나는 곳에는 반드시 질서가 있으며, 생명이 있는 한 사람은 무엇인가를 바랄 수 있다. 자신의 생명이 존귀하다는 것을 자각하는 삶은 더욱 큰 환희를 안겨 준다.

가난

감정의 상태인 가난과 물리적 상태인 궁핍의 의미를 정확히 구분할 필요가 있다. 가난은 충분히 극복할 수 있는 감정일 뿐이다. 하지만 가난을 극복했다고 해서 궁핍이 해결되는 것은 아니지만, 꼭 필요한 것이 없다고 해서 궁핍하다고 표현하지는 않는다.

1 남의 자비로 사는 것보다 가난한 생활을 하는 편이 낫다.

2 재산을 많이 가지고 있으면 이에 따라 걱정거리도 늘지만, 재산이 아주 없으면 걱정거리는 더 많아진다.

3 가난한 사람은 네 계절밖에 고생하지 않는다. 봄, 여름, 가을, 겨울이다.

4 의학은 가난을 제외하고 모두 치료할 수 있다.

5 가난을 견딜 미모는 없다.

6 부자는 호주머니에 하나님을 모셔 두려고 하지만, 가난한 사람은 마음속에 하나님을 모셔 두려고 한다.

7 가난과 노년은 흔히 같이 여행한다.

8 저울의 한쪽에 모든 다른 고통을 놓고, 다른 쪽에 가난을 놓으면 가난이 더 무거울 것이다.

9 동물은 자기와 같은 종류의 동물들과만 생활한다. 늑대가 양과 섞일 리 없고, 하이에나가 개와 섞일 수 있을까? 부자와 가난뱅이도 그와 마찬가지다.

10 가난은 수치가 아니다. 그러나 명예라고도 생각지 말라.

많은 재산을 가지고 있으면서도 영혼이 가난하고 행복하지 못한 사람들이 있다. 그런가 하면 현실은 가난하지만, 일과 생활의 즐거움으로 가득 차 있는 사람들이 있다. 진정한 빈곤은 자기 불만, 나태함, 우울 그리고 무감각과 같은 실패자의 습관으로부터 오는 것이다. 재산보다 중요하고 육체적인 건강보다 중요한 것은 정신이다. 모든 풍요를 가져오는 것과 병을 극복하려는 의지도, 재정적으로 곤란한 시기를 이겨내는 것도 정신을 통해서다.

사업

장사를 한다는 것은 공감을 얻는 것이다. 상품과 내가 혼연일체가 되어 내 삶과 온몸이 느끼는 상품에 대해서 이야기하고 공감을 이끌어내는 것이 장사다. 그래서 장사를 잘하는 사람은 상품을 잘 알고, 많이 사랑하고, 그것에 대해 떠들고 싶어 하는 사람이다.

1 돈은 사업을 위해 쓰여야 할 것이지, 술을 위해 쓰여야 할 것은 아니다.

2 사업은 황금빛 족쇄다.

3 장사는 갖고 있는 물건을 필요로 하는 사람에게 파는 것이 아니라 갖고 있지 않은 물건을 필요치 않은 사람에게 파는 것이다.

4 돈이 돈을 끌어당긴다.

5 장사를 한다는 것은 걱정이 없다는 뜻이다.

6 거래는 고객에게 매력이 있다.

7 현금을 갖고 있는 사람이 우위에 있다.

8 당신이 웃을 줄 모르는 사람이라면 가게를 열어서는 안 된다.

Jewish Think

어떤 사업을 하든 어떤 일을 하든 간에 성공은 필요를 찾아서 그것을 충족시키는 데 있다. 실제로 이 말은 모든 성공적인 기업이나 개인의 직장생활과 관련이 있다. 사업의 성공은 거의 다른 사람들의 생각을 짐작하는 능력에 달려 있기 때문이다. 성공한 사업가들도 언제나 사람에 대한 관찰과 접근을 게을리 하지 않았다. 사업의 목적에 대한 올바른 정의는 단 하나밖에 없다. 그것은 고객의 창조다.

싸움

진정한 싸움을 하기 위해서는 동등한 조건과 힘의 균형 가운데 싸워야 한다. 또한 싸우는 도중에도 상대편에 대한 배려를 잊으면 안 된다. 그럴 때에 진정한 싸움은 놀이가 될 수 있다. 하지만 싸움에 증오가 생겨나기 시작한다면 더 이상 놀이가 아니다.

1 두 사람이 서로 싸울 때 먼저 싸움을 포기하는 사람이 더 고상한 사람이다.

2 여자와 싸우는 것은 양산을 쓰고 샤워를 하려는 것과 같다.

3 싸움은 시냇물과 비슷하다. 작은 시내가 일단 큰 강이 되면 다시는 작은 시내로 되돌아갈 수 없다.

4 말다툼할 때는 화해를 위해 문을 열어 두라.

5 많은 사람들 앞에서 치욕을 당하게 하는 것보다 그 사람이 피를 흘리게 하는 편이 낫다.

6 이웃과 말다툼하는 사이로 살지 마라. 불화가 살인으로 이어질 수도 있다.

7 만일 상대를 물고 늘어질 수 없으면 이빨을 보이지 말라.

8 병사들이 싸울 때 장교들은 승리를 요구한다.

9 싸움에서는 양쪽이 다 옳다.

10 싸움을 그만두는 것은 남자의 영광이다.

싸움의 중요한 원인에는 '경쟁, 불신, 명예' 세 가지가 있다. 참다운 벗이나 애인들끼리의 다툼은 대수로운 것이 아니다. 그러나 서로 전혀 이해하지 못하는 사람들끼리의 싸움은 매우 위험하다. 이해가 없으므로 경쟁, 불신, 명예로 인한 싸움은 오해를 더 크게 만든다. 이해가 없다면 싸움을 말리는 자가 그 싸움의 근본적인 해결책까지 마련해 줄 수 없는 법이다.

명예

명성은 뛰어난 사람이 짊어져야 할 부담이며, 사람들은 그가 그 짐을 어떻게 처리하느냐에 따라 판단한다. 만일 그가 서슴지 않고 그 부담을 감당해 낸다면 영웅으로 칭송을 받게 되지만, 걸려 쓰러지기라도 하면 사기꾼 소리를 듣게 된다.

1 명성을 좇는 자는 명성을 따라잡을 수 없다. 그러나 명성에서 도망치는 자는 명성에 따라잡히고 만다.

2 다른 사람을 높여줄 수 있는 사람들이야 말로 참으로 명예로운 사람이다.

3 명예는 부보다 더 크다. 부는 명예를 얻는 수단일 뿐이다.

4 명예와 수치는 말의 힘에 있다.

5 배움의 가치보다 명예를 더 추구하지 말라.

6 부자는 고양이가 아이스크림을 싫어하듯 명예를 싫어한다.

7 명예는 재산보다 소중하고, 존경받는 것은 금은보다 값지다.

8 분에 넘치는 직함은 얻을 수 있는 명예보다 더 많은 수치심을 불러온다.

9 명예는 받는 사람이 아니라 주는 사람에 의해 판단된다.

Jewish Think

명예는 제2의 유산과 같아서 명예 있는 죽음이 삶보다 낫다고 말한다. 이 세상에서 소유한 모든 것이 죽음과 함께 사라지지만 죽음 이후에도 소유할 수 있는 단 한 가지가 바로 영원한 명예이기 때문이다. 그래서 가장 어려운 일 세 가지가 명성을 얻는 것과 명성을 유지하는 것, 그리고 죽은 뒤에도 명성을 이어가는 것이다. 하지만 명예와 이익과 쾌락은 같은 침대에서 자지 않는다. 부정한 일을 하면서 명예를 얻을 수 없기 때문이다.

소문

결코 '사실'을 무기로 '인식'과 싸우려고 하지 말라. '인식'이란 말하자면 소문에 해당한다. 사람들에게 어떤 소문이 돌고 있다면 그것이 곧 인식이다. 그에 대해 아무리 사실을 해명한다 해도 사람들의 마음은 움직이지 않는다. 단지 '변명'이라고 여길 뿐이다.

1 손가락이 자유롭게 움직이는 것은 소문을 듣지 않기 위해서다. 소문이 들리면 얼른 귀를 막아라.

2 진실이 신발 끈을 매는 사이 거짓은 지구를 반 바퀴나 돈다.

3 불은 나무가 부족하면 꺼진다. 마찬가지로 수군거림이 없으면 소문도 그친다.

4 남을 헐뜯는 가십은 살인보다 위험하다. 살인은 한 사람밖에 죽이지 않으나, 가십은 반드시 세 사람을 죽인다. 가십을 퍼뜨리는 자신, 그것을 반대하지 않고 듣고 있는 사람, 그리고 화제가 되고 있는 사람이다.

5 눈으로 보지 않은 것은 입을 통해서도 볼 수 없다.

6 다른 사람에 대해 험담하는 것은 가장 나쁜 습관이자 가장 큰 비방이다.

7 분별이 있는 사람은 말을 아끼고 자기 일에 집중한다.

8 사람은 절대 악마에게 입을 열지 말아야 한다.

9 악한 말을 듣거든, 그것을 일곱 자의 깊은 곳에 묻어 버려라.

모든 소문은 위험하다. 좋은 소문은 질투를 낳고 나쁜 소문은 치욕을 가져올 뿐이다. 여러 사람의 입에서 입으로 전해지는 소문은 무서운 것으로 쇠도 녹이는 힘을 가지고 있다. 또 여러 사람의 험담이 쌓이면 사람의 뼈까지도 녹이고 만다. 소문을 단순히 부인하고 방어하는 것은 오히려 사태를 악화시킨다. 대신 그것을 가릴 수 있도록 더욱 황당무계하게 퍼뜨려라. 그러면 소문 자체가 거짓이 되어 아무도 관심을 갖지 않게 된다.

술

술을 끊으려면 그만 마시는 수밖에 없다. '왜'라는 질문에 대한 답변은 항상 같다. 술을 마시는 데에는 어떠한 심리적 이유도 없다. 누설해야 할 비밀이 있는 것도 아니다. 술주정뱅이가 술을 마시는 것은 중독되었기 때문이다.

1 술은 악의 사자다. 위를 향해 보냈는데, 머리 쪽으로 잘못 가버리고 만다.

2 마흔 살까지는 먹는 것이 낫고, 그 이후에는 술을 마시는 것이 낫다.

3 대식가와 술꾼은 가난해질 것이다.

4 많은 사람이 그렇게 하지는 않았지만, 포도주를 마시고 용기를 내지 말라.

5 포도주가 잔에서 붉게 반짝이면서 부드럽게 내려가는 것을 쳐다보지 말라. 결국 뱀처럼 물고 살모사처럼 쏠 것이다.

6 술은 연인의 열정과 적에 대한 증오를 각인시킨다.

7 술이 들어가면 이성이 떠나고 은밀한 생각이 드러난다.

8 여관 주인은 주정뱅이를 좋아하지만 사위에게는 아니다.

9 술이 들어가면 비밀이 나온다.

술과 인간은 끊임없이 싸우고 화해하는 사이좋은 투사들과 같다. 진 쪽이 항상 이긴 쪽을 포옹한다. 하지만 술이 사람을 취하게 하는 것이 아니라 사람이 스스로 취하는 것이다. 술은 사람을 매료시키는 악마고, 달콤한 독약이며, 기분 좋은 죄악이다. 그럼에도 지나친 음주는 이성과 사리분별의 무덤이며, 술주정뱅이들의 가슴속에서만 살게 된다. 술이 들어감과 동시에 지혜는 나가 버린다.

행복하지 않은

불행을 제외한 모든 것은 사실 행복이다. 수고와 고생, 힘듦과 아픔도 행복의 다른 이름이다. 행복에는 우리가 생각하는 행복만 있는 것이 아님을 기억해야 한다. 그래서 불행은 행복이 잠시 쉬는 순간일 뿐이다.

1 언제나 더 큰 불행이 올 수 있으리라고 생각하라.

2 행복에서 불행으로 바뀌는 데에는 한순간이면 충분하다. 그러나 불행에서 행복으로 바뀌기 위해서는 영원한 시간이 필요할 수도 있다.

3 불행은 겹쳐서 닥친다.

4 당신이 항상 불행을 두려워한다면 행복을 놓치게 될 것이다.

5 지적인 사람은 강한 떡갈나무와 같다. 그는 자신의 불행을 극복한다.

6 불행한 사람은 짚 더미에 넘어져도 숨은 돌 때문에 코가 깨진다.

7 행복하지 않아도 행복한 것처럼 행동하라. 최악의 상태일지라도 웃으며 행복한 것처럼 행동하라. 진정한 기쁨이 찾아올 것이다.

8 불행은 인간에게 쇠와 녹의 관계와 같다.

9 하루의 행복은 불행을 잊게 하고, 하루의 불행은 행복을 망각한 것이다.

불행은 대개 고민이나 번뇌를 할 시간적 여유를 주기 때문에 생겨난다. 자신이 불행하다는 생각에서 빠져 나와야 비로소 자기가 누구인가를 깨닫게 되고, 행복이 무엇인지 배우게 된다. 불행의 원인은 늘 나 자신에게 있다. 또한 스스로 불행하다고 생각하는 사람은 실제 불행해진다. 그렇다고 언제까지고 계속되는 불행은 없다. 가만히 견디고 참든지 용기를 내어 쫓아 버리든지 이 둘 중의 한 가지 방법을 택해야 한다.

휴식

휴식은 아무것도 하지 않는 시간이 아니다. 올바르게 휴식 시간을 보내지 않으면 오히려 피곤이 쌓인다. 중요한 것은 하루의 리듬을 스스로 결정해야 한다는 것이다. 즉 시간의 주인이 되어야 한다. 당신이 원해서 자발적으로 선택한 일은 무엇이든 휴식이 될 수 있다.

1 휴일이 사람에게 주어진 것이지, 사람이 휴일에게 주어진 것은 아니다.

2 술을 마시는 시간을 낭비라고 생각하지 말라. 그 시간에 당신의 마음은 쉬고 있기 때문이다.

3 안식일에는 지옥에 사는 악인들조차도 쉬어야 한다.

4 영혼도 휴식이 필요하기 때문에 사람들은 잠을 잔다. 그러므로 입에도 휴식을 주고 남의 말에 귀를 기울여라.

5 돈을 받으면 앉아서 쉴 수 없고, 앉아 있으면 돈을 받을 수 없다.

6 웃음은 즉석 휴가다.

7 전통은 휴식을 위한 안락한 의자가 아니라 미래를 위한 발판이 되어야 한다.

8 안식일은 정신적으로 세심하고 균형 잡힌 휴식을 위한 날이다. 쉼이 없는 일은 지루할 뿐이다.

Jewish Think

때때로 손에서 일을 놓고 휴식을 취해야 한다. 쉼 없이 일에만 파묻혀 있으면 판단력을 잃기 때문이다. 잠시 일에서 벗어나 거리를 두고 보면 자기 삶의 조화로운 균형이 어떻게 깨져 있는지를 보다 분명히 볼 수 있다. 또한 진정한 의미의 휴식은 영혼의 휴식이다. 우리의 영혼은 육신보다 더 많은 쉼이 필요하기 때문이다. 자기 영혼의 재산을 증식시킬 시간이 있는 사람이 바로 참 휴식을 즐기는 사람이다.

시작

모든 것을 다 갖추고 시작한다는 것은 이미 시작이 아니다. 시작이란 서투르고 아직 준비가 되어 있지 않은 상태다. 모든 것이 다 완벽히 준비된 후 시작하려고 한다면 우리는 시작할 수 없다. 우여곡절을 겪으면서 서투르지만 실수하며 나아가는 것이 진정한 시작이다.

1 단번에 바다를 만들려고 하면 안 된다. 먼저 냇물부터 만들어야 한다.

2 영零에서 일一까지의 거리는 일一에서 천千까지의 거리보다 멀다.

3 어떤 시작이든 어렵기 마련이다.

4 언제나 가장 적절한 질문은 '어떻게 하면 앞으로 나아갈 수 있는가'다.

5 죄의 시작은 달콤하고, 끝은 쓰다.

6 지혜의 시작은 지혜를 바라는 것이다.

7 남자는 우선 집을 짓고 들에 포도를 심어 포도원을 만들고, 그리고 나서 아내를 영접해야 한다. 이 차례를 거꾸로 하면 안 된다.

8 인생과 불행은 함께 시작되었다.

9 한번 시작한 일은 끝을 봐야 한다.

10 싸움은 시작되기 전에 막을 수 있다.

모든 것은 시작이 가장 좋다. 변화에는 항상 저항을 받는데, 특히 시작할 때는 더욱 그렇다. 그러나 시작은 그 일의 가장 중요한 부분이므로 서 있는 곳에서부터 시작한다면 나머지 일들은 쉽게 이뤄갈 수 있을 것이다. 시작할 때 기대를 가지고 꿈을 품고 용기 있게 해나가면서 포기하지 않으면 결국 원하는 그곳까지 도달할 수 있을 것이다.

성공

개인에게 있어 성공의 기준은 자신의 만족에 있다. 자기 자신을 더욱 더 사랑하고 노력을 통해 성장과 좋은 변화가 일어난다면 그것이 성공이다. 숫자와 비율로 된 목표가 아니라 자신의 만족을 기준으로 노력할 때 진정한 성공인 것이다.

1 인내가 성공의 반이다.

2 진정한 성공은 영혼의 성공이다.

3 때때로 성공은 당신에게 키스를 하고, 때로는 화를 내며 물러갈 것이다.

4 A가 인생의 성공이라면 A는 x+y+z이다. 일은 x, y는 노는 것, z는 입을 다물고 있는 것이다.

5 하룻밤 사이에 성공하는 데에는 20년이 걸린다.

6 가장 나쁜 성공은 당신을 위해 행복하게 해 줄 사람을 찾으려는 것이다.

7 성공의 8할은 일단 보여 주는 것이다.

8 일반적인 의미에서 성공이란 우리 안에 있는 최대의 힘을 경험하고 깨닫는 기회를 의미한다.

9 계속 노크하는 사람은 성공할 것이다.

10 각각의 성공은 더 어려운 문제로 가는 입장권을 사는 것이다.

대부분의 사람들이 성공하지 못하는 이유는 목표를 세우지 않거나 단 한번도 진지하게 그 목표가 믿을 수 있고 이룰 수 있는 것이라고 생각하지 않기 때문이다. 성공하는 사람들은 자신이 어디로 가고 있는지, 그 과정에서 어떤 일을 할 계획인지, 그 모험을 누구와 함께할 것인지 분명히 알고 있다. 먼저 한 가지 생각을 선택하고, 그 생각을 당신의 삶으로 만들어라. 그것을 생각하고 꿈꾸고 그에 기반하여 살아가라. 당신의 몸과 마음을 그 생각으로 가득 채워라. 이것이 성공하는 방법이다.

소유

오늘날 '소유'는 단순히 무엇인가를 가지고 있다는 차원에 머무르지 않는다. 소유 자체가 한 사람의 신분을 드러내고 위신을 세우는 도구가 되기도 하고, 삶의 목표를 대신하기도 한다. 소유가 목적이 되면서 삶도 황폐해지는 것이다.

1 인간은 자신에게 있는 것을 소홀히 하고 없는 것을 탐낸다.

2 너무 지나치게 소유하고 있으면 무엇이든 빠져나가기 마련이다.

3 하늘을 나는 천 마리의 새보다도 조롱 속에 있는 한 마리의 새가 더 낫다.

4 사람들은 다시 오지 않을 시간보다 그들의 재물을 잃어버린 것에 대해 걱정한다.

5 많은 재물은 많은 관심을 얻는다.

6 땅 주인이 아니면 땅은 황폐해진다.

7 소유는 법의 9할이다.

8 진리를 찾는 일은 그것을 소유하는 것보다 더 귀중하다.

내가 소유하고 있지 않은 것을 소유하고 있다고 생각하는 망상에 빠지지 말고, 내가 소유하고 있는 것들 가운데 가장 고마운 것을 생각하라. 또한 나에게 그것들이 없었다면 나는 얼마나 그것을 갈망했을 것인지를 생각해 보고 감사하라. 그리고 어떤 이유로 그것을 불시에 잃어버리는 불행을 당하더라도 마음의 평정을 잃지 않도록 주의하라. 모든 것은 잠시 맡겨 놓은 것일 뿐이지, 자신의 소유가 아님을 기억하라.

장애

오늘날 장애인들은 자신들의 문제가 기능적 손상에서 기인하는 것이 아니라 사회의 선입견과 차별에서 발생되었다고 인식한다. 장애인들이 직면하고 있는 어려움은 장애 그 자체가 아니라 장애 환경에 따른 결과라는 것이다.

1 듣지 못하는 것은 진짜 장애가 아니다. 글로 적은 것이면 읽을 수 있기 때문이다. 진짜로 듣지 못하는 사람은 남의 의견을 들으려 하지 않는 사람이다.

2 게으름뱅이에게 있어서 두뇌는 장님이 횃불을 가진 것과 같다. 그것은 아무 의미 없이 무거울 따름이다.

3 한 개인이 장애를 가지고 있다면 그는 자신의 장애를 극복하기 위해 숨은 능력과 에너지를 발견하고 비슷한 장애를 가지지 않은 사람들보다 더 높은 수준의 성취를 달성한다. '장애인'이라는 용어는 바꿔야 한다. 그들이 가지고 있는 신체적 한계를 뛰어넘는 그들의 탁월함에 대해 '특별한' 또는 '탁월한'이라는 말이 적합하다.

4 탐욕은 사람을 꼼짝 못하게 만든다.

5 자신의 지능과 판단력을 활용하지 않고 전통을 받아들이는 사람은 다른 사람을 따르는 장님과 같다.

6 두 목소리는 한 귀로 듣지 못한다.

7 사람이 이웃의 눈에서 티는 보아도 자기 스스로의 들보는 보지 못한다.

8 모든 것을 보는 사람은 아무것도 보지 못한다.

9 귀 기울이지 않는 사람만큼 듣지 못하는 장애는 없다.

자신의 장애에 대해 화를 내지 말라. 우리 모두는 여러 종류의 장애를 가지고 있으며, 정상으로 보이는 것도 어떤 면에서는 부족하다. 육체보다 마음이 절름발이라면 얼마나 더 나쁜 것인가? 우리가 극복해야 할 가장 어려운 것은 육체적인 장애가 아니라 그것을 유발하는 정신적인 상태인 것이다. 그러므로 당신의 장애를 숨기지 말고 가슴에 훈장처럼 착용하라.

미래

미래는 운명의 손이 아니라 우리의 손에 달려 있다. 미래는 기다리는 것이 아니라 우리 스스로 만들어야 한다. 인생이란 마음속에 그리는 미래의 삶을 사는 것이 아니라 현재를 삶으로써 진정한 미래의 삶을 살 수 있는 것이다.

1 과거는 미래를 위해 선로를 놓는다.

2 현재는 항상 미래의 대가를 지불해야 한다.

3 오늘 행복한 사람이 반드시 내일도 행복한 것은 아니다.

4 나는 미래에 대해서 결코 생각하지 않는다. 미래는 곧 현실로 다가올 테니까.

5 미래를 예언하는 것은 어렵지 않다. 하지만 위험하다.

6 다음 주에 위기가 있을 리 없다. 일정이 이미 꽉 차 있다.

7 내일을 위해 먹고 마시면 우리는 죽는다.

8 내일의 황소보다 오늘의 계란이 낫다.

9 과거에서 벗어나 현재에 살면서 미래를 위해 일하라!

미래를 예측하는 가장 좋은 방법은 미래를 만들어 내는 것이다. 우리는 미래가 어떻게 전개될지 모르지만, 누가 그 미래를 결정하는지 알고 있다. 또한 어디로 향하고 있는지도 느낄 수 있다. 무엇보다 미래의 가장 좋은 점은 한 번에 하루씩 온다는 것이다. 그래서 비록 모든 것을 다 잃을지라도 아직 미래가 남아 있다. 미래는 여전히 우리에게 희망의 원천이다.

열매

모든 어머니들은 아이를 잉태하는 것이 쉽지 않다는 것을 안다. 어머니들의 임신 기간에는 누림이 없고 고통뿐이다. 이것이 열매를 맺기 위한 대가다. 어머니들이 대가를 기꺼이 지불하는 것은 열매의 고귀함과 가치를 알기 때문이다.

1 열매가 많이 열리는 나무는 바람에 흔들리지 않는다.

2 호두나무에서 사과 열매를 따려 하지 말라.

3 좋은 나무는 좋은 열매를 맺는다.

4 선행은 스스로 열매를 맺는다.

5 나무는 그 열매로 알 수 있고 사람은 직업으로 알 수 있다.

6 공부는 하되 복습하지 않는 사람은 나무를 심으나 그 열매를 맛보지 않는 사람과 같다.

7 마른 나무에서는 어떤 과일도 열리지 않는다.

8 행동이 없는 지혜는 열매가 없는 나무와 같다.

Jewish Think

다른 사람의 열매가 진실을 드러내지 않는 한 서둘러 판단하지 마라. 하지만 잊지 마라. 쓴 열매가 나온 것은 나무의 잘못이 아니다. 토양이 그것을 결정한다. 문제의 근원을 찾고, 흙을 비옥하게 해야 한다. 같은 흙의 영향을 받고 있는 다른 나무들도 있으니 결코 나무를 탓하지 마라. 적을 상대하지 말고 그들의 배후에 있는 악을 다루라!

인생

인생은 오롯이 나의 것이다. 지식이 부족하다면 남들보다 더 많이 공부하면 되고, 나의 길이 아니다 싶으면 내가 잘할 수 있는 것을 찾아 나서면 된다. 불평하기보다 있는 그곳에서 기회를 찾고 더 멀리 내다보는 지혜가 필요하다.

1 인생에게 필요한 것은 의식주에 더해 돈이다.

2 인간이 선택해야 할 길은 무엇인가? 그것은 자기 자신에게도 명예롭고 타인의 눈에도 존경 받을 수 있는 길이다.

3 이 세상에서 당신은 영원히 죽지 않는다는 생각으로 모든 것을 계획하라. 그리고 저 세상을 위해 내일 죽는다는 생각으로 계획하라.

4 인생은 현인에게는 꿈이고, 어리석은 자에게는 놀이이며, 부자에게는 희극이고, 가난한 사람에게는 비극이다.

5 살아 있어도 사는 맛이 나지 않는 인생이 셋 있다. 남의 동정으로 살아가는 사람, 아내에게 지배를 받는 사람, 언제나 몸에 고통을 느끼고 있는 사람이다.

6 모든 사람들에게는 삶으로 들어가는 입구가 하나고, 출구도 하나뿐이다.

7 만약 고통을 겪지 않고 인생을 살 수 있다면 아마 당신은 이미 천국에 있는 것이다.

8 내 인생이 너무 비참하다 해도 살지 않았다면 백배는 더 비참했을 것이다.

9 살아 있는 개가 죽은 사자보다 낫다.

10 인생은 가장 위대한 협상이다. 그것은 공짜로 얻을 수 있기 때문이다.

Jewish Think

시간은 인생의 동전이다. 시간은 당신이 가진 유일한 동전이고, 그 동전을 어디에 쓸지는 당신만이 결정할 수 있다. 무엇보다 인간의 삶 전체는 단지 한 순간에 불과하다. 그러니 속도를 줄이고 인생을 즐겨라. 너무 빨리 가다 보면 주위 경관뿐만 아니라 어디로 왜 가는지도 모르게 된다. 당신이 인생의 주인공이라는 사실을 잊지 마라. 지금까지 당신이 만들어온 의식적 그리고 무의식적 선택으로 인해 지금의 당신이 있는 것이다.

교육

교육은 살아가기 위해 필요한 지식과 기술의 습득보다 사람으로서 해야 할 일과 해서는 안 되는 일을 분별하는 데 초점을 두어야 한다. 많은 지식을 터득한 사람이라도 해야 할 일과 하면 안 되는 일을 분별하는 지혜가 없다면 본능에 따라 움직이는 동물과 같다.

1 뛰어난 사람은 두 가지 교육을 받고 있다. 하나는 스승으로부터 받는 교육이고, 다른 하나는 자기 자신으로부터 받는 교육이다.

2 이상이 없는 교육은 미래가 없는 현재나 다름없다.

3 경건한 교육은 가정을 이끌어 나가는 가장 훌륭한 방법이고 가정의 번영을 꾀하는 가장 확실한 방법이다.

4 나는 텔레비전이 매우 교육적이라고 생각한다. 누군가 그것을 켤 때마다 나는 다른 방으로 가서 좋은 책을 읽는다.

5 지극한 재미는 글 읽는 것만 같음이 없고, 지극히 요긴한 일은 아들을 가르치는 것만 같은 것이 없다.

6 돼지는 무게로 등급을 매기고 사람은 교육으로 등급을 매긴다.

7 교육은 유산이 아니라 취득하는 것이다.

8 교육이란 돈을 치르면서도 갖지 못하는 유일한 것이다.

9 도덕성이 결여된 우화는 다리가 없는 몸과 같다.

10 스승을 존경하지 않는다면 어떤 학생도 수업료를 신경 쓰지 않을 것이다.

11 스승은 제자를 시기하지 않는다.

12 학생이 교훈을 배울 때까지 수업을 반복해야 한다.

Jewish Think

교육은 도덕과 지혜의 두 기반 위에 서지 않으면 안 된다. 도덕은 미덕을 받들기 위해서고, 지혜는 남의 악덕에서 자기를 지키기 위해서다. 도덕에만 중점을 두면 성인군자나 순교자밖에 나오지 않는다. 지혜에만 중점을 두면 타산적인 이기주의가 나오게 된다. 어느 한쪽에 치우치지 말고 도덕과 지혜의 두 기반 위에 교육이 서 있어야 좋은 열매를 거둘 수 있다.

목적

성공하는 사람들의 대부분은 자신의 비전에 기초해서 목적을 세우고 그 목적을 달성하기 위해 최선을 다한다. 하지만 목적을 달성하는 삶이 아니라 목적이 수단이 되는 삶을 살아야 한다. 그래야 우리는 목적에 매여 살지 않게 된다.

1 결혼의 목적은 기쁨, 장례식 참석자의 목적은 침묵, 강의의 목적은 경청, 사람을 방문할 때의 목적은 빨리 도착하는 것, 가르치는 목적은 집중, 금식의 목적은 돈으로 자선하는 것이다.

2 자선과 자존심은 모두 다른 목적을 가지고 있지만, 가난한 사람들을 먹여 살린다.

3 자연은 목적이 없으면 아무것도 만들어 내지 못한다.

4 모든 일에는 적절한 때가 있고, 하늘 아래에는 모든 목적을 이루기 위한 때가 있다.

5 생식 욕구는 그 자체로 맹목적이며 사랑이라는 충실한 지침을 필요로 한다.

6 지혜의 목적은 반성과 선행이다.

7 가르침의 주된 목적은 마음을 바르게 하는 것이다.

Jewish Think

명확한 목적이 있는 사람은 가장 험난한 길에서조차도 앞으로 나아가고, 아무런 목적이 없는 사람은 가장 순탄한 길에서조차도 앞으로 나아가지 못한다. 아무리 재주가 뛰어난 사람도 목적이 없어서 실패하기 마련이다. 목적이라는 항구를 품지 않은 사람에게는 순풍이 불지 않는 법이다. 또한 나약하고 게으르며 목적이 없는 사람에게는 행복한 일이 결코 일어날 수 없다. 행운은 아무 의미도 발견할 수 없기에 그들 곁을 지나가 버린다.

일러두기

- 본서는 고대 히브리 속담 및 중세 이후 유럽 지역의 유대인과 근현대 유대인들의 잠언을 엮은 선집입니다.
- 일부 잠언은 독자들의 이해를 돕기 위해 의역하였습니다.

우리 삶에 스며드는 지혜의 기술
오십에 읽는 유대인 한 줄의 힘

초판 1쇄 인쇄 2024년 7월 8일
초판 1쇄 발행 2024년 7월 22일

지은이 김영환
펴낸이 임태순

펴낸곳 도서출판 행복
출판등록 2018년 5월 17일 제 2018-000087호
주소 경기도 고양시 일산서구 탄현로 136
전자우편 hang-book@naver.com
전화 031-979-2826 팩스 0303-3442-2826

© 김영환, 2024

ISBN 979-11-988173-0-3 03320

값 17,800원

· 이 책의 판권은 행복에 있습니다.
· 잘못된 책은 바꿔드립니다.
· 이 책 전부 또는 일부를 재사용하려면 사전에 저작권자와 행복의 동의를 받아야 합니다.